용서치유

용서치유

초판 1쇄 발행 2023년 5월 1일

지은이   김 만 홍

펴낸이   김 만 홍

펴낸곳   도서출판 예지

주소   인천광역시 서구 원당대로 840번길 21, 825동 1402호

전화   010-2393-9191

등록   2005. 5. 12. 제 387-2005-10호

가격 : 4,000원

ISBN : 978-89-93387-45-2 03230

용서치유

김만홍

예지

저자소개 김만홍

　영적 통찰력을 가지고 기독교의 핵심인 복음을 성경적으로 풀이하여 완전한 복음을 한국교회에 제시하는 복음증거자이다. 웨스트민스터신학대학원대학교 신약학 교수인 김경식 교수는 추천사에서 김만홍 목사의 책은 복음의 진정한 능력과 생명력을 보게 하며, 가짜가 진짜처럼 포장하여 생명력을 잃어가고 있는 한국교회에 영적인 심폐소생술과 같은 일로 여겨져 감사하다고 말한다. 횃불트리니티 신학대학원대학교 명예총장이신 김상복 목사는 추천사에서 '김만홍 목사의 신앙과 신학과 목회가 성경이 중심이 되어 있다는데 호감을 일으킨다.'고 말한다. 김만홍은 Luther Rice University(B.A. M.A. M.Div.), 성서침례대학원대학교(Th.M), Kingsway University(상담학 박사), 웨스트민스터신학대학원대학교 미술치료학 박사, 심리상담사 1급, 부부심리상담사 1급, 미술심리상담사 1급, 인천광역시 계양구 계산동에 있는 은혜샘침례교회 담임목사, 도서출판 예지 대표, 예지심리상담센터 원장으로 섬기고 있다.

　저서로는 상한마음 상담치료, 내면아이 치유상담, 복음학교, 전도하면 행복해집니다, 구원의 복음상담세미나, 수레바퀴 삶, 위대한 복음, 복음스토리, 복음상담, 완전한 복음, 왜 믿어야하죠, 성경적 부자되기, 십일조, 말하는 대로 된다, 내면아이 치유상담, 가짜구원, [치유회복상담콘서트 시리지 8권] 자존감회복, 내면세계 치유, 언어회복, 관계회복, 임제회복, 성인아이 치유, 인지행동 치유, 용서치유가 있다.

연락처 010-2393-9191 miso5839@hanmail.net

목 차

1. 용서의 의미

우리가 예수 그리스도를 믿고 구원을 받으면 하나님의 성품에 참여하게 됩니다. 하나님의 성품 중에 가장 뛰어난 성품은 용서입니다. 그러므로 우리 하나님께서 용서의 성품으로 우리의 모든 죄를 용서해 주셨습니다. 하나님께서는 즐거운 마음으로 우리의 죄를 용서해 주셨습니다.

"주는 선하사 사죄하기를 즐거워하시며 주께 부르짖는 자에게 인자함이 후하심이니이다, 주와 같은 신이 어디 있으리이까 주께서는 죄악과 그 기업에 남은 자의 허물을 사유하시며 인애를 기뻐하시므로 진노를 오래 품지 아니하시나이다 다시 우리를 불쌍히 여기셔서 우리의 죄악을 발로 밟으시고 우리의 모든 죄를 깊은 바다에 던지시리이다"(시 86:5, 미 7:18-19)

그러므로 우리 그리스도인들은 이 세상에서 가장 큰 용서를 체험했기 때문에 이제 용서를 실천하는 사람이 되어야 합니다. 용서는 우리에게 있어서 가장 기본이 되는 성품이 되어야 합니다.

우리가 용서를 실천할 때 하나님과의 관계, 다른 사람들과의 관계, 그리고 자기 자신과의 관계가 회복됩니다. 하지만 우리가 다른 사람을 진정으로 용서하는 것은 쉬운 일이 아닙니다.

우리에게서 평화를 빼앗아간 사람, 우리에게 고통을 안겨준 사람, 우리의 가치를 낮추는 사람, 우리에게서 살아갈 용기를 빼앗아가는 사람을 용서한다는 것은 쉬운 일이 아닙니다.

그러므로 많은 사람이 자신에게 상처를 준 사람들을 용서한다고 말하지만, 진정으로 그들을 용서하지 않기 때문에 그들과의 관계가 회복되지 않습니다.

그렇다면 진정한 용서란 무엇일까요?

1. 용서란 하나님께 죄를 용서받는 것입니다.

용서란 하나님께 우리의 모든 죄를 용서받는 것입니다. 우리가 어떤 죄를 용서받았을까요? 성경은 죄가 불법이라고 말합니다. 그러므로 우리는 하나님의 법을 어겼습니다. 하지만 우리가 하나님께 불법이 사함을 받고 죄가 가리어졌기 때문에 행복한 사람이 되었습니다.

"불법이 사함을 받고 죄가 가리어짐을 받는 사람들은 복이 있고"(롬 4:7)

우리는 죄를 범한 악인이었고, 의롭지 못한 죄인이었지만 우리가 완전한 복음을 받아드리고, 우리의 죄를 회개하고 하나님께 나아가므로 우리 하나님께서 우리의 죄를 너그럽게 용서해 주셨습니다. 그러므로 인간은 자신의 죄를 용서받기 위해 하나님께 나와야 합니다.

"악인은 그의 길을, 불의한 자는 그의 생각을 버리고 여호와께로 돌아오라 그리하면 그가 긍휼히 여기시리라 우리 하나님께로 돌아오라 그가 너그럽게 용서하시리라"(사 55:7)

그러므로 용서란 우리의 죄와 부정한 모든 것을 사라지게 하는 예수 그리스도의 속량입니다. 용서란 우리 예수님께서 우리의 죄를 담당하시며, 우리의 허물을 떠맡고, 우리의 정죄를 가져가는 것입니다. 여기서 속량이란 죄의 속박에서 우리를 풀어주시고 자유롭게 하시기 위해 예수님께서 피를 흘려 값을 지불하신 것입니다.

"이것은 죄 사함을 얻게 하려고 많은 사람을 위하여 흘리는 바 나의 피 곧 언약의 피니라"(마 26:28)

하나님께서 우리의 죄와 우리의 불법을 완벽하게 용서하셨기 때문에 우리의 죄를 다시는 기억하지도 않습니다. 그러므로 우리는 죄의 값을 다시 지불할 필요가 없습니다.

"또 그들의 죄와 그들의 불법을 내가 다시 기억하지 아니하리라 하셨으니 이것들을 사하셨던 즉 다시 죄를 위하여 제사 드릴 것이 없느니라"(히 10:17-18)

그러므로 우리 예수님만이 우리의 죄를 담당하시고 용서하실 수 있습니다. 그분이 우리의 죄를 지고 가는 하나님의 어린 양이시기 때문입니다.

"이튿날 요한이 예수께서 자기에게 나아오심을 보고 이르되 보라 세상 죄를 지고 가는 하나님의 어린 양이로다"(요 1:29)

2. 용서란 상대방이 나에게 진 빚을 탕감해주는 것입니다.

용서란 피해자가 가해자를 찾아가서 이렇게 말하는 것입니다.
"당신에게 더는 책임을 묻지 않겠습니다."
그러므로 용서란 탕감의 법칙입니다.

"그 종의 주인이 불쌍히 여겨 놓아 보내며 그 빚을 탕감하여 주었더니"(마 18:27)

그러므로 신약에서 사용된 용서의 단어는 "보내다, 면제하다, 끝내다, 취소한다"라는 뜻이 담겨 있습니다. 그러므로 용서란 죄의 빚에서 상대방을 자유롭게 하며, 상대방에게 은혜를 베풀어 주는 것입니다. 그러므로 바울은 고린도 교회 성도들에게 상대방을 용서함으로 사랑을 나타내고 위로해 주라고 당부합니다.

"그런즉 너희는 차라리 그를 용서하고 위로할 것이니 그가 너무 많은 근심에 잠길까 두려워하노라 그러므로 너희를 권하노니 사랑을 그들에게 나타내라 너희가 범사에 순종하는지 그 증거를 알고자 하여 내가 이것을 너희에게 썼노라 너희가 무슨 일에든지 누구를 용서하면 나도 그리하고 내가 만일 용서한 일이 있으면 용서한 그것은 너희를 위하여 그리스도 앞에서 한 것이니"(고후 2:7-10)

그러므로 용서란 상대방의 잘못을 탕감해주므로 끝내버리고, 내버려 두고, 상대방을 자유롭게 하는 것입니다. 우리 하나님께서는 우리의 죄를 동에서 서가 먼 것 같이 멀리 옮기심으로 끝내버리고 우리를 자유롭게 하셨습니다.

"동이 서에서 먼 것 같이 우리의 죄과를 우리에게서 멀리 옮기셨으며"(시 103:12)

3. 용서란 죄를 덮어주는 사랑입니다.

"무엇보다도 뜨겁게 서로 사랑할지니 사랑은 허다한 죄를 덮느니라"(벧전 4:8)

누가복음 7장에 나오는 죄 많은 여인은 하나님의 놀라운 사랑과 용서를 체험했습니다. 우리 예수님께서 그녀의 수많은 죄를 용서해 주시고 허물을 덮어주었기 때문입니다. 그러므로 그녀도 자신의 수많은 죄를 용서받았기 때문에 자신의 귀한 옥합을 깨뜨려 사랑으로 예수님을 섬겼습니다. 그러자 예수님께서 그 여인에게 사랑함이 많다고 칭찬해 주셨습니다. 그러므로 용서란 사랑으로 상대방의 허물을 덮어주는 것입니다.

2006년 10월 2일, 찰스 칼 로버츠는 펜실베이니아 니켈 마인스에 있는 아미시 학교의 하나뿐인 교실에 들어가 다섯 명의 여학생을 총으로 죽이고 자신도 자살했습니다. 그 사건으로 미국은 혼란에 빠졌지만, 그 가운데서도 사람들을 놀라게 한 아름다운 이야기가 있습니다. 총기 사건이 지나고, 몇 시간이 지난 후에 주민들이 연민을 품고 로버츠의 아내와 세 자녀를 만나러 갔던 것입니다. 그들은 로버츠에게 어떤 나쁜 감정도 없으며, 로버츠의 가족과 화해하고 싶다고 말했습니다. 그 뒤 그들은 로버츠의 장례식에 참여했고, 그 가족을 돕기 위해 모금까지 했습니다.

그들은 상대방을 용서해야 자신들의 아픔을 치료할 수 있다는 사실을 깨달았기 때문입니다. 자신들의 자식을 죽인 사람에게 계속해서 미움과 원한을 품고 있으면 자신들이 고통 가운데 살아야 한다는 사실을 깨달았기 때문입니다. 하지만 그들은 상대방을 불쌍히 여기고, 상대방을 용서하기로 결심하고, 하나님의 사랑을 나타내 보임으로 말미암아 그들 자신이 치유를 받았으며, 새롭게 살아갈 힘과 용기를 얻었습니다. 하지만 많은 사람은 자신들에게 고통과 상처를 준 사람들을 용서하지 못함으로, 오히려 자신들이 더 비참해지고, 자신들이 슬픈 인생을 살아가다가 결국 자신들의 인생을 낭비하게 됩니다. 그러므로 용서란 사랑으로 상대방의 허물을 덮어주는 것입니다.

4. 용서란 마음속에 있는 잘못된 생각을 정리하는 것입니다.

용서란 과거에 일어난 어떤 사건과 어떤 사람에 대하여 마음속에 있는 원한을 정리하는 것입니다. 그러므로 용서란 과거와 연관이 있습니다. 과거에 어떤 사람이 우리에게 잘못한 것을 계속 생각하는 것이 바로 원한이요, 쓴 뿌리입니다. 그러므로 용서란 과거에 경험한 사건에 대해 우리의 생각을 정리하는 것입니다. 우리의 감정은 우리의 생각을 따라가게 되어 있습니다. 그러므로 우리의 생각이 바뀌면 우리의 감정도 변하게 되어 있습니다.

그러므로 우리는 우리의 기억과 싸우지 말고 그냥 잘못된 기억을 정리해야 합니다. 그러므로 용서란 우리의 마음속의 생각을 정리하는 것입니다. 하지만 우리가 과거의 상처를 혼자서 처리할 수 없다면 우리가 신뢰할 수 있는 상담자와 함께 처리할 수 있습니다. 우리가 과거에 겪었던 고통스러운 상처를 우리가 신뢰할 수 있는 상담자에게 털어놓는 순간 마음을 억누르고 있던 마음의 고통이 사라질 것입니다. 하지만 어떤 사람들은 고통에서 벗어날 수 있는 놀라운 치유의 방법이 용서라는 것을 알면서도 상대방을 용서하지 못함으로 고통과 수치심과 죄의식으로 세월을 보냅니다. 그러므로 우리는 하나님의 말씀에 따라 우리의 생각을 정리하고 용서함으로 모든 고통에서 벗어나야 합니다.

5. 용서란 나의 의지를 동원해서 용서하기로 선택하는 것입니다.

하나님께서 우리에게 용서를 실천하라고 명령하셨습니다. 용서하라는 하나님의 절대적인 명령은 우리의 의지에 내려지는 명령입니다. 그러므로 우리가 용서하려면 우리의 의지를 동원해서 용서하기로 선택하고 실천해야 합니다. 그러므로 용서란 우리의 의지를 다지고 계속해서 행동하는 것입니다. 우리의 의지가 영향을 받기 위해서 스스로 용서하는 사고방식을 계발해야 합니다. 하나님께서도 우리의 감정을 잘 알고 계십니다. 그러므로 우리의 감정으로 상대방을 용서하려면 용서하기가 쉽지 않을 것입니다. 그러므로 하나님은 우리에게 감정을 바꾸라고 명령하시는 것이 아니라 우리의 의지를 동원해서 상대방의 잘못을 용서하기로 선택하라고 명령하십니다. 그러므로 주서택 목사는 우리가 용서하기로 선택할 때 하나님께서 우리를 도우신다고 말합니다.

"만일 우리가 하나님의 명령에 따라 우리의 의지를 동원하여 상대방을 용서하기로 선택한다면, 하나님은 우리의 선택을 도우셔서 결국은 우리의 감정까지도 완전히 그 미움과 묶임에서 자유롭게 되도록 역사하십니다. 용서라는 문은 통과하기가 쉽지 않은 어려운 문입니다. 하지만 용서의 문을 통과하지 않고는 결코 치유와 성숙이라는 문으로 들어갈 수 없습니다. 우리의 연약함을 아시는 주님께서 우리가 용서하려고만 한다면 용서의 문을 통과할 수 있도록 도우실 것입니다. 우리에게 상처를 입힌 사람을 용서하고 사랑하는 것은 하나님 말씀의 완성입니다. 우리가 하나님께 이렇게 큰 용서와 사랑을 입었다면 이제는 우리도 그 누군가를 용서해 줄 차례가 된 것입니다. 상대방이 우리에게 미움의 화살을 쏜다면 우리는 사랑의 대포를 쏘고, 상대방이 우리에게 미움의 쓴 잔을 마시게 한다면 우리는 사랑의 홍수로 쓸어버리는 적극적인 용서와 사랑의 역사가 있어야 합니다."

6. 용서란 상대방과 상대방의 잘못을 이해하는 것입니다.

예수님께서 십자가를 통해야 하신 일은 가장 위대한 일이었습니다. 그런데도 그분이 십자가에 못 박히는 순간은 그분의 마지막 시험이요, 가장 큰 시련이었습니다. 우리가 최선을 다하여 어떤 일을 이루었는데 다른 사람이 우리가 이룩한 일을 조롱할 때 우리는 과연 어떠한 반응을 보일까요? 우리 예수님은 죽음의 고통이 있는 십자가에서 인류 역사상 가장 큰 업적을 이루셨습니다. 하지만 우리 예수님께서 그것을 믿지 않는 사람들을 향하여 첫 번째로 보이신 반응은 무지한 죄인들을 향하여 용서하는 기도를 드리신 것입니다. 우리에게 상처를 주는 사람들은 자신이 하는 것을 알지 못하기 때문에 우리에게 상처를 주기 때문입니다.

그러므로 우리 예수님께서는 십자가에서 죄인들을 용서하는 기도를 이렇게 하셨습니다.

"예수께서 이르시되 아버지 저들을 사하여 주옵소서 자기들이 하는 것을 알지 못함이니이다, 그가 자기 영혼을 버려 사망에 이르게 하며 범죄자 중 하나로 헤아림을 받았음이니라 그러나 그가 많은 사람의 죄를 담당하며 범죄자를 위하여 기도하였느니라"(눅 23:34, 사 53:12)

여기서 "자기들이 하는 것을 알지 못함이니이다."라는 말씀이 바로 핵심입니다. 우리는 우리가 하는 짓을 모르는 채 살아왔습니다. 우리는 죄가 얼마나 무서운지 모르고 죄를 범했습니다. 우리는 어릴 때부터 누가 가르쳐 주지 않았지만 늘 거짓말하며 살았습니다. 우리는 하나님의 사랑을 고의로 외면했습니다. 우리는 하나님의 사랑을 거부하고 믿지 않는 것을 당연하게 여겼습니다. 우리는 하나님 사랑의 말씀과 십자가 구속의 말씀을 알지도 못하고 믿지도 않았습니다.

사실 십자가는 하나님의 사랑을 나타내는 하나님의 작품이었습니다. 군병들이 예수님의 옷을 제비뽑기로 나누는 일(시 22;18)이나 신 포도주를 마시게 한 일(시 69:21)이나 행악자들과 함께 십자가에 못 박힌 일(사 53:12)은 모두 하나님의 계획이었습니다. 십자가를 둘러싼 모든 사건이 다 하나님의 일하시는 손길이었습니다. 우리를 구원하시려는 하나님의 계획이었습니다.

그런데도 우리는 예수님께서 우리를 위해 십자가에서 죽으셨다는 사실을 몰랐습니다. 우리는 예수님께서 본인 스스로 우리의 더러운 죄를 용서하기 위해 십자가에서 죽으셨다는 사실을 알지 못했습니다. 예수님께서 "나 스스로 버리노라!"라고 말씀하신 것처럼 군인들의 칼과 창이 무서워 잠잠하게 죽으신 것이 아니었습니다. 예수님께서 하나님 아버지의 아무런 도움의 손길이 없었기 때문에 겟세마네 동산에서 약한 모습을 보이시고, 슬퍼하시고, 통곡하신 것이 아니었습니다. 그분은 엄청난 천사들의 군대를 동원하여 도움을 받을 수도 있었지만, 하나님 아버지가 주시는 죽음의 잔을 스스로 받으셨습니다. 우리 예수님은 자신을 방어하기 위해 베드로의 칼이 필요한 것이 아니었습니다. 예수님께서 "나는 양들을 위하여 목숨을 버리노라!"라고 말씀하신 것처럼 바로 우리를 위해 십자가에서 자신의 목숨을 버리신 것입니다. 우리는 이렇게 놀라운 복음을 알지 못했습니다.

하지만 우리 예수님께서 십자가 위에서 죄인들인 우리를 위해 기도하신 결과로 하나님 아버지의 응답이 이루어져 우리는 이제 우리의 더러운 모든 죄를 깨끗하게 용서받았습니다. 예수님께서 우리의 죄를 용서하는 기도의 결과로 우리는 죄를 용서받았고, 구원을 받았으며, 하나님의 자녀가 되었습니다. 그러므로 우리가 구원받은 것은 하나님의 은혜 때문입니다. 우리 예수님께서 간구하신 덕분입니다. 그러므로 우리 예수님께서 십자가에서 우리를 용서하셨습니다.

그러므로 성경에서 우리에게 가르치는 진정한 용서란 우리가 하나님께 받은 사랑을 우리에게 죄를 범한 상대방에게 보여주고 나타내는 것입니다. 그러므로 빌 고다드는 진정한 용서를 이렇게 정의했습니다.

"용서란 범죄자를 향하여 그리스도의 사랑을 나타내 보이는 것입니다."

그러므로 진정한 용서란 우리에게 죄를 범한 범죄자의 동기를 이해하며, 하나님께서 얼마나 우리를 용서하였는가를 기억하는 것입니다. 하나님께서 다른 사람을 통해서 허락하신 우리의 상처 속에서 영적인 가치를 볼 수 있도록 배우는 것입니다.

그러므로 진정한 용서란 우리에게 잘못을 범한 사람이 우리의 마음에 상처를 입힌 상황을 하나님께서 허락하셨다고 이해하는 것입니다. 로마서 8장 28절을 보면 하나님께서 우리의 삶의 모든 일을 주관하고 계시며, 우리의 고통은 악을 의미하는 것이 아니라 선을 의미한다고 말씀합니다. 우리에게 상처를 준 사람은 궁극적으로 우리의 선을 이루기 위해 하나님이 허락하신 사람으로 이해하는 것입니다. 그러므로 바울은 우리가 당한 시련을 극복할 수 있다고 말씀합니다.

"사람이 감당할 시험 밖에는 너희가 당한 것이 없나니 오직 하나님은 미쁘사 너희가 감당하지 못할 시험 당함을 허락하지 아니하시고 시험 당할 즈음에 또한 피할 길을 내사 너희로 능히 감당하게 하시느니라"(고전 10:13)

어떤 사람으로부터 크게 상처를 받았던 여성이 있었습니다. 그녀는 상대방을 결코 용서하지 못했습니다. 어느 날 그녀는 마침내 자기의 모든 것을 상담자에게 털어놓았습니다.

"저는 상대방을 용서하지 못하는 원한을 가지고 있습니다. 그 이유는 제가 십 대 소녀였을 때 제 의붓아버지가 저를 강간했기 때문입니다. 제가 어른이 되어 결혼하고 제가 낳은 딸을 의붓아버지가 안을 때마다 저는 그것이 싫었습니다. 제가 화를 낼 만한 권리가 있겠지요? 그렇지요?"

그러자 상담자는 그녀에게 이렇게 말했습니다.

"예, 그렇습니다. 당신은 화를 낼 권리가 있습니다. 하지만 한 가지를 기억해야 합니다. 당신이 계속해서 의붓아버지를 용서하지 못하고 미워하면 그 미움과 용서하지 못하는 마음은 당신의 모든 것을 파괴할 것입니다."

상담자가 아무리 설명해도 그녀는 그것을 인정하지 않았습니다. 그래서 상담자는 그녀에게 예수님께서 십자가에 못 박히실 때 어떠한 고통을 당하셨는지를 설명해 주었습니다. 화가들은 예수님의 초상화를 관대하게 그렸습니다. 여러 가지 증거들에 의하면 예수님은 완전히 벌거벗겨서 많은 사람이 보는 가운데 수치와 굴욕을 당하셨습니다. 예수님의 벌거벗김은 이 젊은 여인의 강간 사건처럼 굴욕스럽고 마음에 심한 상처를 주는 일이었습니다.

그래서 상담자는 그녀에게 이렇게 말했습니다.

"예수님이 벌거벗겨서 굴욕을 당하실 때 무슨 말씀을 하셨는지 아십니까?"

"아버지여! 저들을 사하여 주옵소서. 자기들이 하는 것을 알지 못하고 있습니다."

"예수님이 사람들을 용서하실 때 그분은 그들이 자기들이 하는 일이 무엇인지 알지 못하고 있다는 것을 이해하셨습니다. 당신의 의붓아버지가 당신을 겁탈한 후에 아마도 그는 자기가 왜 그런 짓을 했는지 이해하지 못했을 것입니다. 지금까지도 그 끔찍한 일을 후회하고 있을 것입니다."

결국 그 여인은 상담자의 말을 듣고 상대방을 진정으로 용서하고 참된 자유를 찾았습니다.

7. 용서란 하나님께서 갚아 주실 것을 믿는 것입니다.

"내 사랑하는 자들아 너희가 친히 원수를 갚지 말고 하나님의 진노하심에 맡기라 기록되었으되 원수 갚는 것이 내게 있으니 내가 갚으리라고 주께서 말씀하시니라"(롬 12:19)

그러므로 우리는 하나님께서 갚아 주실 것을 믿기 때문에 상대방을 용서할 수 있습니다. 우리는 이 말씀에 순종하기 위해서 용서를 실천해야 합니다. 그러나 하나님이 갚아 주실 것을 믿지 못하는 사람은 이 말씀에 순종할 수 없습니다. 그러므로 용서란 하나님이 갚아 주실 것을 믿는 것입니다.

그러므로 용서란 내가 보복할 권리를 포기하는 것입니다. 용서란 과거의 죄로 말미암아 현재의 생활에 영향을 받지 않는 것입니다. 우리가 보복하지 않고, 하나님께 모든 것을 맡기고, 우리는 그 일에서 손을 떼는 것입니다. 우리가 상대방에게 피해를 보았으니 우리가 상대방에게 응징해야 하겠지만 우리는 그러한 보복의 권리를 멈추고, 하나님께 모든 것을 맡기는 것입니다. 보통 권위에 도전하는 사람들은 하나님께 모든 것을 맡기지 못하고, 자신이 해결하려 하므로 권위에 도전합니다. 다윗은 자신을 죽이려 하는 사울에게 응징하지 않았고, 하나님께 모든 것을 맡겼습니다. 결국 하나님께서 다윗의 모든 문제를 다 해결해 주셨습니다. 그러므로 용서란 내가 보복할 권리를 포기하는 것입니다.

8. 용서란 참된 자유를 누리는 것입니다.

우리는 자신의 진정한 평안과 참된 자유를 위해 용서를 실천합니다. 우리가 누군가를 용서하지 못하면 자신이 이상한 감정의 감옥에 갇혀 버립니다. 그 결과 마음에 진정한 평안과 참된 자유가 사라집니다. 예수님께서 마태복음 18장 15절부터 35절에서 강조하신 내용이 무엇일까요? 용서받은 사람이 다른 사람을 용서하지 않아서 감옥에 갇히는 결과를 보여줍니다. 그러므로 용서의 헬라어 의미는 문자적으로 '자신을 풀어주다, 멀리 놓아 주다, 자유롭게 하다'라는 뜻입니다.

그러므로 우리의 용서만이 우리의 사슬을 끊고 비난과 고통의 악순

환을 중단하는 것입니다. 그러나 우리가 용서하지 아니하면 우리에게 잘못한 일을 계속 생각하면서 우리 자신이 고통을 당하는 것입니다. 만약 20년 전에 어떤 남자에게 강간을 당한 것을 용서하지 않는다면 그 사람은 생각 속에서 20년 동안 매일매일 강간을 당하고 있는 것입니다. 그러므로 우리가 용서할 때 미운 감정의 감옥에서 벗어날 수 있습니다.

그러나 우리가 용서하지 못하고 상대방에게 원한을 품는 것은 아픈 상처가 계속 아물지 못하도록 과거에 매달려 수없이 생각하며, 마음의 상처를 계속해서 건드리는 것입니다. 만약 아담과 하와가 서로 용서하지 못했다면, 그들은 죽을 때까지 900년 동안 계속해서 싸웠을 것입니다.

하와가 말합니다. "당신도 선악과를 먹었죠?"
아담이 말합니다. "당신이 나에게 주었잖아"

그렇게 말하면서 계속 싸웠을 것입니다. 그러므로 많은 사람이 아주 사소한 것으로 말다툼을 하며 싸웁니다. 그냥 어느 한쪽에서 "미안하오. 내가 잘못했소. 용서해 주시오."라고 말하면 끝나는 것을 계속해서 싸우는 것입니다. 그러므로 상대방을 위해서가 아니라 우리 자신을 위해 용서해야 합니다.

어떤 유대인이 독일에서 엄청난 핍박을 당하였습니다. 그는 미국에 이민 오면서 "나는 미국에 오기 전에 히틀러를 용서했습니다. 새 나라에까지 히틀러를 품고 오고 싶지 않았기 때문입니다."라고 말했습니다.

그러므로 우리의 마음에 자유가 없다면 그것은 우리가 진정으로 용서를 실천하지 않았기 때문입니다. 우리의 마음에 진정한 자유가 없다는 것은 그냥 자신의 감정을 억압했기 때문입니다. 하지만 우리의 감정을 억압하면 성령의 역사가 나타나지 않습니다. 성령님께서 역사해 주셔야 진정한 용서를 실천할 수 있기 때문입니다. 그러므로 우리가 진정으로 용서할 때 우리의 마음에 평안과 참된 자유를 경험할 수 있습니다.

▶ 실천하기

* 이번 과를 통하여 배운 가장 중요한 교훈은 무엇입니까?

* 이번 과를 통하여 배우고 깨달은 것을 당신의 삶에 구체적으로 어떻게 적용하시겠습니까?

2. 완전한 용서

우리 그리스도인들이 이 세상에서 실천해야 할 내용 중에 어려운 일들이 참으로 많을 것입니다. 그런데 그 어려운 일 중에 가장 어려운 일이 있다면 그것이 무엇일까요? 그것은 상대방이 우리에게 끔찍한 일을 저지르고, 큰 잘못을 범하고, 엄청난 상처를 줄 때 우리가 그 상대방을 완전하게 용서한다는 것은 정말 쉽지 않고 가장 어려운 일입니다.

그것도 상대방이 자신의 잘못을 알고 진정으로 뉘우치는 가운데 진심으로 사과하고 용서를 빈다면 몰라도 자신의 잘못을 인정하지 않고 진심으로 용서를 빌지 않는 상대방을 우리가 완전하게 용서한다는 것이 가장 어려운 일입니다.

하지만 우리 그리스도인들은 하나님의 사랑을 통해 완전한 용서를 받았기 때문에 상대방을 완전하게 용서해야 합니다.

그렇다면 완전한 용서란 무엇일까요?

1. 완전한 용서는 하나님께서 우리를 대하시는 것처럼 우리가 다른 사람을 대하는 것입니다.

그러므로 성경에서 용서를 말할 때 반복해서 등장하는 단어는 "하나님이 너희를 용서하심 같이" 그리고 "주께서 너희를 용서하신 것 같이" 용서하라는 것입니다.

"서로 친절하게 하며 불쌍히 여기며 서로 용서하기를 하나님이 그리스도 안에서 너희를 용서하심과 같이 하라"(엡 4:32)

"누가 누구에게 불만이 있거든 서로 용납하여 피차 용서하되 주께서 너희를 용서하신 것 같이 너희도 그리하고"(골 3:13)

성경은 우리가 하나님께 용서를 받는 것과 우리가 다른 사람을 용서하는 것을 서로 연결해 놓고 있습니다. 우리가 하나님께 이미 용서를 받았기 때문에 상대방을 용서하는 것은 너무나 당연한 것으로 말하고 있습니다. 그런데 성경은 우리가 용서를 실천해야 우리도 하나님께 용서를 받을 수 있다고 말씀하고 있습니다. 다시 말해서 우리가 다른 사람을 용서하지 아니하면 우리 하나님께서도 우리의 허물을 용서해 주시지 않는다고 말씀하시는 것입니다.

"너희가 사람의 잘못을 용서하면 너희 하늘 아버지께서도 너희 잘못을 용서하시려니와 너희가 사람의 잘못을 용서하지 아니하면 너희 아버지께서도 너희 잘못을 용서하지 아니하시리라"(마 6:14-15)

"너희가 각각 마음으로부터 형제를 용서하지 아니하면 나의 하늘 아버지께서도 너희에게 이와 같이 하시리라"(마 18:35)
"서서 기도할 때에 아무에게나 혐의가 있거든 용서하라 그리하여야 하늘에 계신 너희 아버지께서도 너희 허물을 사하여 주시리라 하시니라"(막 11:25)

"비판하지 말라 그리하면 너희가 비판을 받지 않을 것이요 정죄하지 말라 그리하면 너희가 정죄를 받지 않을 것이요 용서하라 그리하면 너희가 용서를 받을 것이요"(눅 6:37)

왜 이렇게 말씀하고 있을까요?

너희도 하나님께 용서받았으니 너희도 용서하라고 말씀하지 않으시고 너희가 용서해야 나도 용서해 주겠다고 말씀하시는 것입니다. 그럴 뿐만 아니라 너희가 다른 사람을 용서하지 아니하면 나도 너희를 용서해 주지 않겠다고 말씀하시는 것입니다.

그런가 하면 주기도문으로 알려진 내용에서는 우리가 우리에게 죄지은 모든 사람을 용서하오니 우리 죄도 용서해 달라고 기도하라고 말씀하고 있습니다. 그러므로 누가복음 11장 4절에서는 '하라'는 말로 끝나고 있습니다.

"우리가 우리에게 죄지은 모든 사람을 용서하오니 우리 죄도 사하여 주시옵고 우리를 시험에 들게 하지 마시옵소서 하라"

그러므로 이 내용은 우리가 다른 사람을 용서하지 않고 이렇게 기도한다면 우리는 엄청난 거짓말을 하는 것입니다. 실제로는 다른 사람을 용서하지도 않는 사람이 늘 기도로 다른 사람을 용서한다고 기도하고 있기 때문입니다. 그러므로 다른 사람을 용서하지 않는 사람은 자신의 죄를 하나님께 용서해 달라고 기도하지도 말라는 것입니다. 사실 주기도문으로 알려진 내용은 죄인이 드리는 기도가 아니라 이미 하나님을 통해 용서를 체험하고 하나님의 자녀가 사람이 하나님 아버지께 드리는 기도입니다. 그러므로 주기도문을 시작할 때 "하늘에 계신 우리 아버지여"라고 부르고 있습니다.

그러므로 이 모든 말씀의 결론은 하나님께 죄를 용서받은 사람은 다른 사람을 용서하되 하나님이 우리를 용서하신 것처럼 우리도 다른 사람을 용서하라는 것입니다. 그러므로 하나님께 용서받은 사람이 다른 사람을 용서하지 않을 때 하나님은 이렇게 말씀합니다.

"내가 너를 불쌍히 여김과 같이 너도 네 동료를 불쌍히 여김이 마땅하지 아니하냐"(마 18:33)

그러므로 완전한 용서란 하나님이 우리를 대하시는 것처럼 우리가 다른 사람을 대하는 것입니다.

그러므로 R. T. 켄달은 완전한 용서를 8가지로 설명합니다.

2. 완전한 용서는 상대방이 어떤 잘못을 범했는지를 알면서도 용서하는 것입니다.

우리가 상대방을 어떻게 용서해야 완전한 용서일까요?

우리가 상대방이 잘못한 것을 무조건 부정하거나 그냥 덮어주는 것은 완전한 용서가 아닙니다. 하지만 상대방이 우리에게 무엇을 잘못했는지 다 알면서도 상대방에게 대가를 치르게 하지 않을 때 완전한 용서가 이루어집니다. 그러므로 완전한 용서는 쉬운 일이 아닙니다.

상대방이 우리에게 잘못을 범했음에도 불구하고 상대방이 어떤 처벌을 받지 않도록 요구하는 것은 고통스러운 일입니다. 우리에게 용서받은 사람이 자신이 잘못한 것에 대해 어떤 처벌도 받지 않고 살아가며, 다른 사람들도 그 사실을 모른다고 생각한다면 우리의 마음이 아플 것입니다. 하지만 우리가 상대방이 무슨 일을 저질렀는지 다 알면서도 그들을 용서함으로 그들이 처벌을 받지 않고 축복을 누리게 되리라는 것을 받아들일 때 우리는 예수님을 닮아가는 것입니다.

바로 우리 예수님께서 우리를 완전하게 용서하셨습니다. 그러므로 우리는 예수님으로부터 완전하게 용서를 받았기 때문에 처벌을 받지 않고 축복을 누리는 것입니다.

3. 완전한 용서는 악한 것을 생각하지 않기로 결정하는 것입니다.

우리는 하나님의 전정한 사랑을 체험하고 배운 사람들입니다. 진정한 사랑이란 무엇일까요? 상대방의 악한 것을 생각하지 않는 것입니다.

"무례히 행하지 아니하며 자기의 유익을 구하지 아니하며 성내지 아니하며 악한 것을 생각하지 아니하며"(고전 13:5)

상대방으로부터 끔찍한 일을 당한 사람들은 그 일을 잊지 못하고 기억하고 있습니다. 그들은 그 일을 절대로 잊지 못할 것입니다. 어떻게 그런 일을 잊을 수 있겠습니까? 하지만 우리는 하나님의 진정한 사랑과 용서를 체험함으로 우리 하나님께서 우리가 잘못한 것을 다 잊으시고 기억도 하지 않으신다는 사실을 성경을 통해서 배웠습니다. 그러므로 우리도 상대방을 진심으로 용서하기 위해서 상대방이 잘못한 것을 기억하지 않고 잊는 것입니다.

그러므로 우리는 완전한 용서를 실천하기 위해 의지적으로 상대방의 잘못을 잊기로 선택하는 것입니다. 상대방의 잘못된 기록을 우리의 뇌에서 지워버리기로 선택하는 것입니다. 우리가 상대방이 우리에게 잘못한 것을 똑똑히 보았지만, 그 기억이 우리의 마음을 사로잡아 상대방을 미워하게 만들기 전에 지워버리고 끝내버리는 것입니다. 이렇게 할 때 우리의 마음속에서 쓴 뿌리인 원한 감정이 자라지 않습니다.

28

4. 완전한 용서는 상대방의 처벌을 거부하는 것입니다.

우리는 상대방이 우리에게 잘못을 저질렀기 때문에 그들이 그 죄에 대한 대가를 치르는 것을 보고 싶어 하는 것이 우리의 마음의 자연스러운 반응입니다. 그들이 잘못을 저지르고도 처벌을 받지 않는다는 것은 생각만 해도 참을 수가 없을 것입니다. 하지만 우리가 상대방이 처벌을 받지 않을까 봐 두려워하는 것은 온전한 사랑이 아닙니다. 그러므로 우리가 하나님의 온전한 사랑을 체험했다면 우리의 원수가 처벌받는 것을 원하지 않게 됩니다. 온전한 사랑은 두려움을 내어 쫓기 때문입니다.

"사랑 안에 두려움이 없고 온전한 사랑이 두려움을 내쫓나니 두려움에는 형벌이 있음이라 두려워하는 자는 사랑 안에서 온전히 이루지 못하였느니라"(요일 4:18)

그러므로 완전한 용서란 우리에게 상처를 준 사람을 놓아달라고 하나님 아버지께 기도하는 것입니다. 우리에게 상처를 준 그 사람을 자유롭게 풀어주라고 기도하는 것입니다. 우리도 하나님의 사랑과 복음을 받아드렸을 때 하나님으로부터 어떠한 처벌도 받지 않고 죄의 형벌로부터 풀어주셨고, 놓아주셨기 때문입니다. 우리가 하나님께 엄청난 죄악을 범했음에도 불구하고 우리를 그냥 풀어주시기만 하신 것이 아니라 하나님의 놀라운 축복까지 받았기 때문입니다.

그러므로 우리도 우리에게 잘못한 사람을 자유롭게 풀어주어 어떠한 처벌도 받지 않을 뿐만 아니라 그들을 풍성하게 축복해 주시라고 하나님께 기도하는 것입니다. 마치 그들이 우리에게 아무런 잘못도 범하지 않은 것처럼 그들을 용서하고, 놓아주고, 풀어주고, 축복해 주어야 합니다. 우리 하나님께서는 예수 그리스도 안에서 죄인인 우리를 하나님과 화목하게 하셨고, 우리가 범한 더러운 죄들을 우리에게 돌리지 아니하시고 용서해 주셨습니다.

"곧 하나님께서 그리스도 안에 계시사 세상을 자기와 화목하게 하시며 그들의 죄를 그들에게 돌리지 아니하시고 화목하게 하는 말씀을 우리에게 부탁하셨느니라"(고후 5:19)

그리고 우리가 하나님 앞에 부족하고, 더러운 죄인일 뿐만 아니라 마땅히 미워할 원수임에도 불구하고 자기 아들을 죽게 하심으로 하나님께서 우리를 사랑하신다는 사실을 보여주셨습니다.

"우리가 아직 연약할 때에 기약대로 그리스도께서 경건하지 않은 자를 위하여 죽으셨도다, 우리가 아직 죄인 되었을 때에 그리스도께서 우리를 위하여 죽으심으로 하나님께서 우리에 대한 자기의 사랑을 확증하셨느니라, 곧 우리가 원수 되었을 때에 그의 아들의 죽으심으로 말미암아 하나님과 화목하게 되었은즉 화목하게 된 자로서는 더욱 그의 살아나심으로 말미암아 구원을 받을 것이니라"(롬 5:6, 8, 10)

5. 완전한 용서는 상대방이 한 일을 말하지 않는 것입니다.

우리가 상대방으로부터 상처를 받았을 경우 우리의 상처를 치유하기 위해 우리를 지지해주고 우리를 비판하지 않을 상담자에게 우리의 상처를 털어놓을 수 있을 것입니다. 하지만 오르지, 그 상담자에게만 말해야 하며, 그 상담자가 다른 사람에게 이야기를 옮기지 않도록 부탁해야 합니다.

우리가 상대방의 잘못을 다른 사람에게 말하는 것은 대부분 우리의 치유를 위해서가 아니라 상대방이 존경을 받을 인물이 아니라는 것을 알리기 위함이며, 이러한 행동은 하나님이 하실 일을 우리가 빼앗는 것입니다. 사실 우리 그리스도인들은 하나님을 통해 완전한 용서를 받았습니다. 그러므로 우리는 우리의 죄에 대해서 처벌을 받지 아니할 뿐만 아니라 아무도 우리가 범한 죄를 알지 못하는 것입니다. 예수 그리스도의 보혈로 우리의 죄가 가려져 드러나지도 않기 때문입니다.

우리 하나님께서는 우리가 용서받았을 때 우리의 죄를 처벌하시지 않을 뿐만 아니라 기억하시지도 않으시고 다 삭제하시고 지워 없애셨습니다. 그러므로 우리의 죄가 드러날 이유가 전혀 없습니다. 그러므로 우리도 상대방이 우리에게 잘못한 것을 완전하게 용서해 준다면 우리는 상대방의 잘못을 누구에게도 말하지 말아야 합니다. 이것이 완전한 용서입니다.

6. 완전한 용서는 우리의 마음에서 일어나는 것입니다.

　우리에게 상처를 준 사람을 마음으로 용서하지 아니하면 이른 시일 안에 그것이 겉으로 드러날 것입니다. 하지만 우리가 진실한 마음으로 용서하면 용서는 우리가 말과 행동으로 드러날 것입니다. 그러므로 우리가 상대방을 완전히 용서하면 상대방과 화해하지 못하더라도 참된 평안과 자유를 경험할 수 있습니다. 우리에게 상처를 준 상대방이 우리와 화해할 마음이 없더라도 우리가 그 사람을 완전하게 용서했다면 그것은 더는 우리의 문제가 아니기 때문입니다. 그러므로 우리가 사랑을 실천하면 우리의 마음속에 아무런 거리낌이 없게 됩니다. 그럴 때 우리의 마음은 우리를 책망하지 않기 때문에 자유를 경험합니다.

"그의 형제를 사랑하는 자는 빛 가운데 거하여 자기 속에 거리낌이 없으나, 사랑하는 자들아 만일 우리 마음이 우리를 책망할 것이 없으면 하나님 앞에서 담대함을 얻고"(요일 2:10, 3:21)

　우리가 하나님 앞에서 담대해질 수 있다는 것은 우리가 완전한 용서를 실천했기 때문입니다. 우리 하나님께서는 우리가 마음으로 완전히 용서했는지 알고 싶어 하시며, 우리가 마음으로 상대방을 완전히 용서할 때 우리에게 담대함과 진정한 행복을 안겨 주십니다.

7. 완전한 용서는 원한 감정이 없는 것입니다.

여기서 원한 감정이란 상대방에게 대한 우리의 마음의 상태를 나타내는 것입니다. 원한 감정이 자라나 상대방을 미워하고 보복하려는 마음은 성령 하나님을 근심하게 만듭니다. 결국 하나님의 은혜를 상실하고 여러 가지 질병으로 고통을 당하게 만듭니다.

"너희는 하나님의 은혜에 이르지 못하는 자가 없도록 하고 또 쓴 뿌리가 나서 괴롭게 하여 많은 사람이 이로 말미암아 더럽게 되지 않게 하며"(히 12:15)

여기에 소개된 쓴 뿌리는 원한 감정으로 분노, 고혈압, 신경증, 불면증, 보복에 대한 집착, 우울증, 고립, 부정적인 생각으로 나타납니다. 하지만 우리가 원한 감정인 쓴 뿌리를 제거하면 성령 하나님께서 우리의 마음에 역사하심으로 참된 치유가 이루어집니다.

그러므로 원한 감정은 마음의 참된 평안을 사라지게 하지만 원한 감정이 치유되면 성령님께서 역사하사 참된 평안과 기쁨을 허락하십니다. 우리의 마음에서 원한 감정이 치유되었다는 증거는 상대방에게 우리가 당한 대로 갚아 주겠다는 마음이 사라지는 것입니다. 상대방을 처벌하려는 마음이 사라지는 것입니다. 상대방의 명성이나 앞날을 해치려는 행동이나 말을 하지 않는 것입니다. 상대방이 하는 일이 성공하기를 진심으로 빌어주는 것입니다. 그러므로 완전한 용서는 우리에게서 원한 감정이 사라진 것입니다.

8. 완전한 용서는 하나님을 용서하는 것입니다.

우리의 모든 원한 감정은 하나님을 향한 분노로까지 연결되어 집니다. 사실 인간이 하나님에 대해서 원한 감정을 품는다는 것은 생각만 해도 무서운 일이지만 하나님께서 우리에게 상처를 준 사람을 막아주지 않았다고 하나님을 원망하고 하나님께 분노할 수 있습니다. 우리에게 나쁜 일이 일어나도록 하나님께서 허락하셨다고 잘못된 생각을 할 수 있습니다. 전지전능하신 하나님께서 그러한 일들이 일어나지 않도록 막아주지 않았다고 하나님께 원한을 품는 것입니다. 하지만 우리 하나님께서 우리에게 잘못된 일이 일어나도록 허락하셨다면 궁극적으로 우리에게 선을 이루기 위해 허락하신 것입니다.

"우리가 알거니와 하나님을 사랑하는 자 곧 그의 뜻대로 부르심을 입은 자들에게는 모든 것이 합력하여 선을 이루느니라"(롬 8:28)

그러므로 우리는 하나님을 원망하지 않고 진심으로 하나님을 용서해야 완전한 용서가 이루어진 것입니다.

9. 완전한 용서는 우리 자신을 용서하는 것입니다.

완전한 용서는 우리가 상대방을 진심으로 용서할 뿐만 아니라 하나님을 용서하는 것이며, 그리고 우리 자신까지도 용서하는 것입니다. 우리가 하나님을 용서하고 우리에게 상처를 준 상대방을 용서하더라도 우리 자신을 용서하지 못한다면 그것은 결코 완전한 용서가 아닙니다. 자신을 용서하지 못하는 것은 다른 사람을 용서하지 못하는 것만큼 자신을 해치는 것입니다.

그러므로 우리 그리스도인들은 이제 자신을 용납하고 용서해야 합니다. 하나님이 하나밖에 없는 자기 아들을 희생하여 우리를 구원하셨기 때문에 우리는 자신을 사랑하고 용서해야 합니다. 자신을 부정적으로 대하는 사람들은 이제 자신을 용서해야 합니다. 낮은 자존감을 가지고 자기비하에 빠진 사람들도 자신을 용서해야 합니다. 자신의 생명을 존중하지 못하고 자살을 시도했던 사람들도 자신을 용서해야 합니다.

욕망에 사로잡혀 성적인 순결을 지키지 못한 사람들도 자신을 용서해야 합니다. 게으름으로 자신을 발전시키지 못한 사람들도 자신을 용서해야 합니다. 여러 가지 중독으로 자신의 시간을 허비한 사람들도 자신을 용서해야 합니다. 자신의 처지에 대해 원망하고 불평했던 사람들도 자신을 용서해야 합니다.

자신의 외모에 대해 열등감을 가지고 살았던 사람들도 자신을 용서해야 합니다. 육체를 잘 관리하지 못하여 질병으로 고통당했던 사람들도 자신을 용서해야 합니다. 잘못된 성격으로 가족들에게 상처를 입힌 사람들도 자신을 용서해야 합니다. 이제 하나님의 자녀로서 자신을 존귀하게 여기고 사랑하며 살아야 합니다.

▶ 실천하기

 * 이번 과를 통하여 배운 가장 중요한 교훈은 무엇입니까?

 * 이번 과를 통하여 배우고 깨달은 것을 당신의 삶에 구체적으로 어떻게 적용하시겠습니까?

3. 용서의 이유

　우리는 인생을 살아오면서 많은 사람으로부터 상처를 받으며 살아왔습니다. 그들 중에는 우리에게 모욕을 준 사람, 사기를 쳐서 우리의 것을 가로챈 사람, 우리의 사랑을 배신한 사람, 우리의 것을 도적질한 사람, 우리의 돈을 떼어먹은 사람, 우리의 가족을 해친 사람, 우리의 공로를 가로챈 사람, 우리를 따돌린 사람, 나의 자동차를 망가뜨리고 도망간 사람, 다른 사람 앞에서 우리를 모욕하고 흉을 본 사람, 우리를 성폭행 사람, 우리를 거부하고 우리를 버린 부모도 있을 것입니다.

우리는 다른 사람이 우리를 괴롭히고 우리에게 상처를 주었을 때 그 사람을 미워하고 증오하며, 그 사람에게 되돌려 주려고 생각합니다. 우리가 상대방을 용서하지 못하는 것은 우리가 잘못한 것이 아니라 상대방이 잘못했으니 상대방이 잘못한 대가를 치러야 한다고 생각합니다. 하지만 우리 예수님은 잘못한 것이 없었지만 그런데도 상대방을 용서하고 보복하지 않으셨습니다.

"그는 죄를 범하지 아니하시고 그 입에 거짓도 없으시며 욕을 당하시되 맞대어 욕하지 아니하시고 고난을 당하시되 위협하지 아니하시고 오직 공의로 심판하시는 이에게 부탁하시며"(벧전 2:22-23)

그렇다면 우리가 용서를 실천해야 할 진정한 이유가 무엇일까요?

1. 위대한 사람이 되기 위해 용서합니다.

어떤 사람이 진정으로 위대한 사람일까요? 상대방에게 상처를 준 사람이 위대한 사람이 아니라 오히려 자신에게 상처를 준 사람을 진심으로 용서해 주는 사람이 위대한 사람입니다. 그러므로 진정으로 위대한 사람이 되기 위해 우리는 용서를 실천해야 합니다. 그러므로 상대방에게 상처를 주거나 보복하는 사람은 원수보다도 못한 사람입니다. 가장 밑바닥에 있는 것이지요. 하지만 용서를 실천하는 사람은 자신을 최고의 위치에 올려놓는 참으로 위대한 사람입니다.

그러므로 우리는 위대한 사람이 되기 위해 용서를 실천합니다.

2. 하나님의 용서를 체험하기 위해 용서합니다.

우리가 진정으로 상대방을 용서할 때 하나님의 용서를 마음속으로 깊이 체험할 수 있습니다. 하지만 용서하지 아니하는 사람은 하나님의 용서를 체험할 수도 없고 믿을 수도 없습니다.

"너희가 사람의 잘못을 용서하면 너희 하늘 아버지께서도 너희 잘못을 용서하시려니와 너희가 사람의 잘못을 용서하지 아니하면 너희 아버지께서도 너희 잘못을 용서하지 아니하시리라, 너희가 각각 마음으로부터 형제를 용서하지 아니하면 나의 하늘 아버지께서도 너희에게 이와 같이 하시리라"(마 6:14-15, 18:35)

우리가 용서를 실천해야 우리 하나님께서도 우리의 잘못을 용서하시겠다고 말씀하십니다. 이 얼마나 무서운 경고입니까? 그러므로 우리가 용서하지 아니하면 참된 복음을 체험할 수 없습니다. 우리가 용서하지 아니하면 왜곡된 시각으로 하나님을 바라보기 때문입니다. 우리는 하나님이 공의의 하나님이시라는 것을 기억해야 합니다. 다시 말해서 우리 하나님은 심고 거둠의 법칙이 그대로 이루어지게 하시는 분입니다.

그러므로 우리가 진정으로 용서를 실천할 때 하나님의 용서를 감동적으로 체험할 수 있습니다. 우리가 이미 하나님으로부터 많은 죄를 용서받았기 때문에 우리가 용서를 실천하지 않을 때 하나님께 용서받은 은혜를 상실하게 됩니다. 우리가 용서하지 아니하면 우리가 하나님의 사랑과 복음을 체험하지 못했다는 증거가 됩니다.

"누구든지 하나님을 사랑하노라 하고 그 형제를 미워하면 이는 거짓말하는 자니 보는 바 그 형제를 사랑하지 아니하는 자는 보지 못하는 바 하나님을 사랑할 수 없느니라"(요일 4:20)

하나님으로부터 엄청난 용서의 선물을 받고도 다른 사람에게 용서의 선물을 주지 못하는 사람은 그만큼 자신의 마음이 완악하기 때문입니다.

예수님께서 가르쳐 주신 기도를 생각해 보십시오.

"우리가 우리에게 죄 지은 자를 사하여 준 것 같이 우리 죄를 사하여 주시옵고"(마 6:12)

이 말씀에서 가장 무서운 단어는 어떤 말씀일까요? 그것은 "같이"라는 단어입니다. 예수님께서는 하나님께 용서를 받는 것과 우리가 다른 사람에게 용서를 베푸는 것을 하나로 묶으셨습니다. 그러므로 하나님의 용서를 감격적으로 체험하지 못한 사람은 자신이 다른 사람을 용서하는 사람인지 되돌아보아야 합니다. 진정으로 다른 사람을 용서하는 사람은 하나님의 용서를 진정으로 체험할 수 있기 때문입니다. 그러므로 하나님의 용서를 깊이 체험하기 위해 용서해야 합니다.

3. 하나님의 명령이기 때문에 용서합니다.

하나님은 말씀을 통하여 우리에게 용서를 실천하라고 명령하셨습니다. 용서는 우리의 선택이 아니라 순종해야 할 하나님의 명령입니다.

"서로 친절하게 하며 불쌍히 여기며 서로 용서하기를 하나님이 그리스도 안에서 너희를 용서하심과 같이 하라"(엡 4:32)

그러므로 강준민 목사는 하나님의 명령인 용서에 대해 이렇게 강조합니다.

"용서만큼은 온전해야 합니다. 자격을 따지지 마시고 용서하십시오. 상대방의 변화를 강요하지 마시고 다만 용서하십시오. 사람을 변화시키는 것은 하나님만이 하시는 것입니다. 같은 죄를 반복한다고 할지라도 우리가 할 일은 용서뿐입니다. 같은 죄를 지었다 할지라도 거듭 가슴 아파하며 찾아온다면 용서해 주십시오."

우리는 잘못한 상대방이 먼저 우리에게 사과해야 용서할 수 있다고 생각하고, 상대방이 자신의 잘못을 사과하지 않으면 용서하지 않습니다. 하지만 우리 하나님께서는 우리가 하나님의 용서를 체험했으니 상대방을 용서하라고 명령하십니다.

우리 하나님께서 어떤 우리를 용서하셨습니까?

로마서 5장 6절과 8절과 10절에 의하면 우리는 연약한 사람이었고, 우리는 죄인이었고, 우리는 하나님 앞에 원수였지만 우리 하나님께서 우리를 친절하게 대하시고, 우리를 불쌍히 여기셔서, 당신의 아들 예수 그리스도를 죽게 하심으로 우리를 용서하셨습니다. 우리 예수님은 간음하여 현장에서 잡혀 와 돌에 맞아 죽을 여인도 정죄하지 않으시고 용서하셨습니다.

"예수께서 이르시되 나도 너를 정죄하지 아니하노니 가서 다시는 죄를 범하지 말라 하시니라"(요 8:11)

4. 우리도 실수할 수 있어서 용서합니다.

성경적인 관점에서 보면 우리는 모두 다 죄인입니다. 다만 용서받은 죄인과 용서받지 못한 죄인이 있을 뿐입니다. 그러므로 우리가 범한 죄의 크기를 따지는 것은 어리석은 일입니다.

궁극적으로 우리를 진정으로 용서하실 수 있는 분은 오직 하나님밖에 없습니다. 오직 하나님만이 바른 판단을 하실 수 있기 때문입니다. 그런데도 하나님께서 죄인인 우리를 먼저 찾아오셨습니다. 아담과 하와가 최초로 죄를 범했을 때도 하나님은 숨어있는 그들을 찾아오셨습니다. 하나님은 죄를 범한 아담과 하와에게 찾아오셔서 그들에게 용서를 빌 기회를 주셨습니다.

그러므로 우리의 인생 여정에서 누구나 상대방에게 상처를 입힐 수도 있고, 상대방을 실족하게 할 수도 있고, 상대방에게 잘못을 범할 수도 있습니다. 인간은 완벽한 존재가 아니라 불완전한 존재이기 때문입니다. 예수님께서도 실족하게 하는 일이 없을 수 없다고 말씀하셨습니다.

"예수께서 제자들에게 이르시되 실족하게 하는 것이 없을 수는 없으나"(눅 17:1)

그러므로 우리는 이렇게 기도해야 합니다.

"우리가 우리에게 죄 지은 모든 사람을 용서하오니 우리 죄도 사하여 주시옵고 우리를 시험에 들게 하지 마시옵소서"(눅 11:4)

5. 성령의 은사와 능력과 열매를 맺기 위해 용서합니다.

성령님을 근심하게 만드는 최선의 길은 무엇일까요? 우리가 용서하지 못하고 원한을 품는 것입니다. 성령님을 근심하게 만드는 많은 죄 가운데 첫 번째 죄가 바로 용서하지 못하는 원한을 품는 것입니다.

그러므로 바울은 성령님을 근심하게 하지 말라고 말한 이후에 제일 먼저 악독을 언급합니다. 그리고 여기 악독은 용서하지 못하는 원한을 말합니다.

"하나님의 성령을 근심하게 하지 말라 그 안에서 너희가 구원의 날까지 인치심을 받았느니라 너희는 모든 악독과 노함과 분냄과 떠드는 것과 비방하는 것을 모든 악의와 함께 버리고 서로 친절하게 하며 불쌍히 여기며 서로 용서하기를 하나님이 그리스도 안에서 너희를 용서하심과 같이 하라"(엡 4:30-32)

그러므로 우리가 용서하지 않으면 성령님께서 근심하십니다. 그러면 성령님이 우리 안에서 역사하시지 못함으로 말미암아 성령님은 우리에게 은사를 베풀어 주실 수도 없으시고, 성령님의 능력도 나타나지 않고, 성령님의 열매도 맺을 수 없습니다. 성령의 열매가 사랑과 희락과 화평과 오래 참음과 자비와 양선과 충성과 온유와 절제인데 당연히 이러한 열매가 사라질 것입니다. 그 결과 하나님이 주신 은사를 계속 계발할 수 없을 것입니다. 그러므로 우리에게 성령의 은사가 나타나고, 성령의 능력이 나타나고, 우리가 성령의 열매를 맺기 위해 진정한 용서를 실천해야 합니다. 우리가 용서를 실천하면 원한이 제거되어 성령께서 자유롭게 역사하실 것입니다.

6. 상대방의 잘못된 것을 닮지 않기 위해 용서합니다.

우리가 용서하지 아니하면 우리는 용서하지 못하는 상대방의 나쁜 점을 그대로 닮아갈 수밖에 없습니다. 만일 우리가 상대방의 나쁜 것들만 생각한다면, 우리의 생활에서도 나쁜 것들이 그대로 재현될 것입니다. 우리가 상대방을 용서하지 못하면 그 사람의 잘못된 단점만 자꾸 생각하니 상대방의 단점을 닮아가는 것입니다. 하지만 우리가 진정으로 용서하시는 하나님을 생각하면 용서를 실천하시는 하나님을 닮아가게 되어 있습니다. 그러므로 상대방의 잘못된 것을 닮지 않기 위해 용서를 실천해야 합니다.

7. 영적인 치유를 위해 용서합니다.

우리는 다른 사람을 위해 용서하는 것이 아니라 우리 자신을 위해 용서해야 합니다. 우리가 상대방을 용서하면 상대방의 유익보다 우리 자신에게 더 많은 유익이 있기 때문입니다. 우리가 상대방을 용서하지 아니하면 우리 자신이 감옥에 갇히고 손해를 봅니다. 그러므로 우리가 편하지 않습니다. 하지만 우리가 용서하면 우리 자신이 편해지는 것입니다. 우리가 상대방을 진정으로 용서할 때 우리 마음의 상처가 치유되고 마음의 응어리가 풀어집니다.

그러나 용서하지 아니하면 사나워지고 은혜가 사라지고 무서운 사람이 됩니다. 용서하지 않는 사람은 상처를 잘 받고, 다른 사람에게도 상처를 주게 됩니다. 하지만 우리가 진정으로 용서할 때 상대방도 죄책감에서 벗어나 영적인 치유와 자유를 경험할 수 있습니다. 사실 우리가 상대방을 용서한다고 해서 무조건 같이 살아야 하는 것은 아닙니다. 야곱도 에서를 용서하고 화해했지만 에서와 같이 살지 않았습니다.

마태복음 18장 21절부터 35절에서 일만 달란트 빚을 탕감받은 사람이 자신에게 일백 데나리온 빚진 자를 용서해 주지 못하고, 탕감해주지 못해서 결국 감옥에 갇히게 됩니다.

여기서 일만 달란트는 과연 얼마나 될까요? 1달란트는 6천 데나리온이며, 1데나리온이 일군의 하루 품삯이니 일루 일당을 10만 원으로 계산하면, 1만 달란트는 6천만 원, 곱하기 10만 원이면, 6조 원이나 된다. 그리고 100데나리온은 100일 치의 임금으로 하루 일당이 10만 원이면 1,000만 원이다. 그러므로 한 사람이 6조 원의 빚을 임금에게 탕감을 받고, 100데나리온의 빚을 진 동료에게 그 빚을 갚으라고 감옥에 가두었기 때문에 결국 자신도 감옥에 갇히는 신세가 되었습니다. 그러므로 여기서 감옥은 감정적인 감옥으로 치유 받지 못한 마음의 상태를 나타냅니다. 결국 인생에서 가장 중요한 시간의 기회를 잊어버리게 됩니다. 그러므로 사무엘 존슨은 용서에 대해 이렇게 말했습니다.

"지혜로운 사람은 속히 용서할 것입니다. 왜냐하면 그는 시간의 참된 가치를 알고 있기 때문입니다. 그는 불필요한 고통 중에 시간이 지나가는 것을 허락하지 않을 것이기 때문입니다."

어떤 상담자가 공격을 받고 강간을 당한 여인에게 질문을 했습니다.

"당신을 공격한 그 사람에게 아직도 원한 감정이 있습니까?"

그러자 그 여인은 이렇게 말했습니다.

"아닙니다. 나는 그 사람을 용서했습니다. 나는 나의 시간을 단 일 분도 그에게 주고 싶지 않습니다. 나는 나의 생애를 살아야 하기 때문입니다."

결국 이 여인은 용서를 통해서 학대받은 결과로부터 온 마음의 쓴 뿌리를 제거했습니다. 그러므로 바울은 우리가 용서할 때 영적인 치유가 일어나 우리가 누릴 수 있는 것들을 소개합니다.

"누가 누구에게 불만이 있거든 서로 용납하여 피차 용서하되 주께서 너희를 용서하신 것 같이 너희도 그리하고 이 모든 것 위에 사랑을 더하라 이는 온전하게 매는 띠니라 그리스도의 평강이 너희 마음을 주장하게 하라 너희는 평강을 위하여 한 몸으로 부르심을 받았나니 너희는 또한 감사하는 자가 되라 그리스도의 말씀이 너희 속에 풍성히 거하여 모든 지혜로 피차 가르치며 권면하고 시와 찬송과 신령한 노래를 부르며 감사하는 마음으로 하나님을 찬양하고 또 무엇을 하든지 말에나 일에나 다 주 예수의 이름으로 하고 그를 힘입어 하나님 아버지께 감사하라"(골 3:13-17)

그러므로 우리가 용서할 때 사랑이 더해집니다. 우리가 용서할 때 그리스도의 평강을 경험할 수 있습니다. 우리가 용서할 때 감사를 경험할 수 있습니다. 우리가 용서할 때 그리스도의 말씀이 풍성히 거하게 됩니다. 우리가 용서할 때 마음에 노래가 있습니다.

요한복음 21장에서 예수님께서 베드로에게 찾아와서 "요한의 아들 시몬아 네가 이 사람들보다 나를 더 사랑하느냐"라고 물으신 이유가 무엇일까요? 자신을 배신한 베드로에게 수치를 느끼고 부끄럼을 당하라고 그랬을까요? 사실은 우리 예수님께서 베드로에게 용서를 체험하고,

자유를 체험하고, 죄책감에서 벗어나서 하나님의 귀한 사역을 감당하라고 그렇게 물으신 것입니다. 결국 베드로는 예수님의 용서를 체험하고, 영적인 자유를 경험하고, 예수님을 위해 죽도록 충성할 수 있었습니다. 그러므로 우리의 영적인 치유를 위해 용서해야 합니다.

8. 인간관계에 성공하기 위해 용서합니다.

우리가 용서해야 하는 문제는 우리와 가장 가까운 사람과의 문제일 수 있습니다. 우리는 우리와 가장 가까운 사람과의 관계에서 문제가 생겨 상대방을 용서하지 못하는 경우가 많습니다.

그러므로 우리가 용서해야 할 사람은 우리와 가장 가까이 있는 사람들입니다. 그들은 바로 부부관계와 부모와 자녀 관계와 친구 관계와 스승과 제자 관계일 것입니다. 그러므로 우리가 용서하지 아니하면 가장 가까운 사람을 잃게 됩니다. 그러므로 자신과 가장 가까이 있는 사람들과의 관계 회복을 위해 용서해야 합니다. 누가복음 15장 11절부터 32절에 나오는 탕자를 생각해 보십시오. 탕자가 회개하고 아버지에게 돌아왔을 때 아버지가 탕자를 용서함으로 가족관계가 회복되었습니다.

9. 하나님께 책망받지 않기 위해 용서합니다.

우리가 가해자를 쉽게 용서해 주면 우리는 가해자가 너무 쉽게 자신의 책임을 면죄 받는 것으로 생각합니다. 우리가 가해자를 용서하더라도 그 가해자가 변화되지 못할 것으로 생각합니다. 또한 가해자의 행동을 살펴보면 용서할 마음이 사라지는 일도 있습니다. 우리는 자신이 받은 만큼 가해자가 처벌을 받으면 그 사람을 용서할 것으로 생각합니다. 우리는 가해자가 먼저 진심으로 사과해야 용서할 것으로 생각합니다.

하지만 우리 예수님께서는 우리가 죄인임에도 불구하고 먼저 우리를 용서해 주셨습니다. 가해자와 피해자가 세상 법정에 가면 가해자는 책망을 받지만, 피해자는 자유를 얻습니다. 하지만 가해자와 피해자가 모두 하나님 앞에 서면 모두 다 책망을 받습니다. 가해자는 진심으로 사고하지 않아서 책망을 받을 것이고, 피해자는 진심으로 용서하지 않아서 책망을 받을 것입니다. 그러므로 용서를 실천하지 못하고 상대방에게 계속 상처를 받는 것도 죄가 되는 것입니다.

10. 모든 사람에게 상처가 있어서 용서합니다.

모든 사람은 완전하지 아니하고 죄인이기 때문에 잘못을 범하는 경우가 있습니다. 상대방이 우리에게 잘못을 범할 때 우리는 이런 상황에서 보복할 것인가 아니면 용서할 것인가 두 가지 중에 하나를 선택해야 합니다. 만약 우리에게 상처가 있다면 그것은 누군가를 통해 인격적으로 모독이나 공격을 당하여 피해를 보았기 때문입니다.

우리가 피해를 보게 되면 분노하게 되고, 화를 내게 되고, 상대방에게 원한을 품게 됩니다. 그런데 분노와 화를 내는 것과 원한에 대한 유일한 해결책은 상대방을 용서하는 것입니다. 그러므로 진정한 용서는 우리의 마음의 상처를 치유하는 치료제와 같습니다. 우리 모든 인간은 가해자인 동시에 피해자입니다.

그러므로 가해자는 용서를 빌고 피해자는 용서해 주어야 합니다.

▶ 실천하기

* 이번 과를 통하여 배운 가장 중요한 교훈은 무엇입니까?

* 이번 과를 통하여 배우고 깨달은 것을 당신의 삶에 구체적으로 어떻게 적용하시겠습니까?

4. 용서의 부재

우리는 하나님 말씀의 명령에 따라 용서해야 합니다. 우리가 복음으로 구원을 받고 하나님의 자녀가 되었다면 용서하는 사람이 되는 것은 너무나 당연합니다. 우리가 먼저 하나님의 용서를 체험했기 때문이요, 용서는 하나님의 뜻이요, 하나님의 절대명령이기 때문입니다. 그러므로 우리 하나님께서는 우리가 용서하지 아니하면 어떤 대가를 치르게 되는지 아주 명확하게 말씀하셨습니다.

"너희가 사람의 잘못을 용서하면 너희 하늘 아버지께서도 너희 잘못을 용서하시려니와 너희가 사람의 잘못을 용서하지 아니하면 너희 아버지께서도 너희 잘못을 용서하지 아니하시리라, 너희가 각각 마음으로부터 형제를 용서하지 아니하면 나의 하늘 아버지께서도 너희에게 이와 같이 하시리라"(마 6:14-15, 18:35)

그러므로 우리가 용서하지 아니하면 무슨 일이 일어날까요? 우리도 하나님 아버지께 용서를 받을 수 없습니다. 얼마나 무서운 경고입니까? 용서하지 아니하는 죄가 무엇인지 자세히 알아야 합니다. 그러므로 용서하지 아니하는 죄는 우리의 마음속에 있는 원한입니다. 우리가 누군가에게 인격적으로 모독이나 공격을 당하면 우리의 마음은 상처를 받고 원한이 생기게 됩니다. 그러므로 원한이란 분한 마음을 품는 것입니다. 마음속으로 씁쓸해하며 미움과 자기연민에 빠지는 것입니다. 그러므로 히브리서의 저자는 원한을 마음의 쓴 뿌리라고 했습니다.

"너희는 하나님의 은혜에 이르지 못하는 자가 없도록 하고 또 쓴 뿌리가 나서 괴롭게 하여 많은 사람이 이로 말미암아 더럽게 되지 않게 하며"(히 12:15)

예수님께서도 용서하지 아니하는 원한을 악독으로 표현했고(막 7:21-23), 바울도 원한을 악독으로 표현했고, 베드로도 원한을 악독으로 표현했습니다.

"너희는 모든 악독과 노함과 분냄과 떠드는 것과 비방하는 것을 모든 악의와 함께 버리고, 곧 모든 불의, 추악, 탐욕, 악의가 가득한 자요 시기, 살인, 분쟁, 사기, 악독이 가득한 자요 수군수군하는 자요, 그 입에는 저주와 악독이 가득하고, 우리도 전에는 어리석은 자요 순종하지 아니한 자요 속은 자요 여러 가지 정욕과 행락에 종 노릇 한 자요 악독과 투기를 일삼은 자요 가증스러운 자요 피차 미워한 자였으나, 그러므로 모든 악독과 모든 기만과 외식과 시기와 모든 비방하는 말을 버리고"(엡 4:31, 롬 1:29, 3:14, 딛 3:3, 벧전 2:1)

그러므로 용서하지 아니하는 마음은 원한이요, 쓴 뿌리요, 악독입니다. 여기서 원한이란 억울하고 원통한 일을 당하여 응어리진 마음을 나타내며, 악독이란 마음이 흉악하고 독살스러움을 나타내고, 쓴 뿌리란 견디기 어려운 깊은 상처로 인하여 아주 괴롭고 쓰라린 마음을 나타냅니다. 그러므로 용서하지 아니하는 원한이 무엇인지 자세히 알면 우리는 용서할 수밖에 없습니다.

그러므로 만약 우리가 상대방을 용서하지 아니하면 계속해서 미움을 품게 됩니다. 상대방을 용서하지 못하는 원한은 사람을 속이는 감정입니다. 대부분 사람은 이 원한이 얼마나 강력한 것이며, 삶을 파괴하는지 이해하지 못합니다. 원한은 우리에게 상처를 입힌 그 사람의 그 일이 온 세상에 알려지기를 바라는 마음입니다. 분한 마음이 점점 깊어져서 그들을 자유롭게 놓아주지 못하는 것입니다. 원한은 그들이 한 일을 거듭해서 생각함으로 다시 생각하고, 또다시 생각하여 그들이 두려움에 빠지게 만드는 것입니다. 그러므로 우리가 용서하지 아니하면 어떤 결과를 초래하는지 자세히 알아야 합니다.

우리가 상대방을 계속 미워하고 용서하지 아니하면, 우리의 인격은 완전히 파괴됩니다. 우리는 일찍 죽을 수 있으며, 수많은 질병으로부터 괴로움을 당할 수 있습니다. 그러한 엄청난 대가를 지불하고도 사람들은 상대방을 용서하기보다 원수 갚으려고 결심합니다. 용서하지 못하는 원한은 괴로움이요, 적개심이요, 미움이요, 고통의 혼합체입니다. 이 원한은 사람의 감정을 상하게 하고, 실망하게 하고, 기만하며 고통을 줍니다. 이 원한은 인간에게 가장 큰 해를 끼치는 감정입니다. 상대방을 용서하지 못하고 계속 미워하게 되면 그 사람의 외모가 망가지고, 우울증을 일으키고, 즐길 수 있는 아름다운 시간을 빼앗아갑니다. 이 원한은 결코 인간에게 이익을 줄 수 없습니다.

그렇다면 용서하지 아니하면 어떤 결과를 초래할까요?

1. 용서하지 아니하면 인간관계가 파괴됩니다.

우리가 용서하지 아니하면 우리의 마음속에 원한 감정이 생겨나고, 괴로움이 가득하여 인간관계가 파괴됩니다. 인간관계에서 마찰과 충돌을 일으킵니다. 그러므로 용서하지 못하는 사람들은 부적절한 관계와 보복적인 관계와 적대적인 관계와 비판적인 관계와 깨어진 관계와 공격적인 관계와 분열적인 관계와 파괴적인 관계가 형성됩니다. 우리는 상대방을 용서하지 못하는 원한이 얼마나 무서운 결과를 가져오는지 알아야 합니다.

"너희는 하나님의 은혜에 이르지 못하는 자가 없도록 하고 또 쓴 뿌리가 나서 괴롭게 하여 많은 사람이 이로 말미암아 더럽게 되지 않게 하며"(히 12:15)

54

우리가 용서하지 아니하면 우리의 마음속에 있는 원한 감정은 계속 자라게 됩니다. 슬픔이나 애통함과는 다르게 원한은 사라지지 않고 자라납니다. 겨울에는 나무의 잎 파리가 다 떨어져 죽은 것으로 보이지만 봄이 되면 다시 살아나는 것처럼 원한 감정도 죽은 것으로 보이지만 어떤 영향을 받으면 계속해서 자라납니다. 원한 감정은 인간에게 괴로움을 줍니다. 원한 감정을 품는 사람은 다른 사람에게 좋은 인상을 주지 못하며, 항상 다른 사람을 방해합니다. 어디에서나 도움을 주기보다 문제를 일으키는 사람이 됩니다. 원한 감정은 다른 사람을 더럽힙니다. 불행하게도 상대방을 용서하지 못하는 원한 감정은 다른 사람들의 좋은 생각들을 더럽히고, 다른 사람들을 실망하게 합니다. 자신의 괴로움을 가족과 친구들까지 오염시킵니다.

하지만 우리가 용서하면 관계가 회복됩니다. 창세기 50장에 등장하는 요셉이 형제들을 용서했을 때 관계가 회복되었습니다. 그러므로 용서의 능력은 깨어진 관계를 회복시켜 줍니다. 용서는 치유가 일어나도록 발판을 마련해 줍니다. 용서는 상대방에게 상처받은 고통스러운 감정이 치유합니다. 용서는 신뢰가 되살아나도록 가능성의 문을 열어 줍니다. 우리가 용서하지 아니하면 신뢰는 절대로 회복되지 않습니다.

2. 용서하지 아니하면 자신의 인격이 파괴됩니다.

우리가 용서하지 아니하면 자신의 삶에 신체적 장애와 심리적 장애와 태도의 장애와 고통의 장애가 발생합니다. 우리가 상대방을 용서하지 아니하면 그 사람에 대하여 긍정적으로 생각하지 않고 부정적으로 생각하게 됩니다. 결국 우리는 부정직하고, 정결하지 못하며, 추하고 악해집니다. 우리의 부정적인 사고는 하나님의 계획을 방해하여 풍성한 삶을 살지 못 하게 합니다. 상대방을 용서하지 못하는 사람은 상황을 분별하는 분별력이 떨어져 올바르게 행동할 수 없습니다. 상대방을 용서하지 아니하는 미워하는 마음은 하나님의 빛에서 벗어나는 것입니다.

"빛 가운데 있다 하면서 그 형제를 미워하는 자는 지금까지 어둠에 있는 자요"(요일 2:9)

하나님의 빛을 가지고 있는 사람은 지혜롭고 분별력이 있어서 모든 것을 올바르게 판단합니다. 하지만 상대방을 용서하지 아니하면 어둠에 있는 사람이기 때문에 올바로 생각할 수 없어 훌륭한 결단력이 없어집니다. 그러므로 상대방을 용서하지 않고 적개심을 품은 사람이 사업을 하면 망할 수밖에 없습니다.

3. 용서하지 아니하면 자신의 영적인 능력이 파괴됩니다.

　우리가 상대방을 용서하지 아니하고 원한을 계속 품고 있으면 우리의 삶 가운데서 성령의 역사는 사라지게 됩니다.

"누구든지 하나님을 사랑하노라 하고 그 형제를 미워하면 이는 거짓말하는 자니 보는 바 그 형제를 사랑하지 아니하는 자는 보지 못하는 바 하나님을 사랑할 수 없느니라"(요일 4:20)

　우리가 상대방을 용서하지 못하고 미워하면 하나님의 사랑은 사라집니다. 하나님을 사랑하려고 노력해도 상대방을 미워하는 사람은 그 사랑의 노력이 헛수고가 됩니다. 그러므로 용서하지 않는 사람은 결코 하나님을 사랑할 수 없습니다. 상대방을 용서하지 아니하는 원한 감정은 파괴적입니다. 인간의 우정을 손상하고, 인격을 파괴하며, 영적인 능력을 파괴합니다. 원한 감정은 계속해서 자라가며, 괴로움을 일으키고, 가까운 사람들과의 관계를 오염시키고, 부정적으로 사고하게 만들고, 미워하는 상대방을 닮아가게 만들고, 사고의 초점을 잃게 만들고, 하나님을 향한 사랑을 빼앗아가며, 성령님을 슬프게 하고, 미워하는 그 상대방의 종이 되게 합니다.

4. 용서하지 아니하면 사랑이 공급되지 않아 질병이 생깁니다.

　우리가 용서하지 아니하면 마음에 병이 생기고, 마음의 질병은 육체의 질병으로 이어집니다. 자신의 부모와 배우자와 자녀와 친구들을 용서하지 못하여 질병으로 고통당하는 사람들이 너무나 많습니다. 자신의 남편을 죽이고 싶을 정도로 미워하던 어떤 여인은 하나님의 사랑을 깨닫고 남편을 용서하면서 얼굴이 환해지고, 마음의 응어리가 풀리면서 질병이 치유되는 역사가 일어났습니다.

　그러므로 발달과정에서 가정 폭력을 당한 아동과 청소년, 성폭력을 당한 여성, 이혼한 부부에게 용서하는 사람이 되도록 도와주어서 참된 치유를 경험하게 도와주어야 합니다. 그들을 무엇으로 도와줄 수 있을까요? 그들이 하나님의 사랑을 통한 참된 용서를 경험하도록 도와주어야 합니다. 하나님의 사랑은 십자가의 완전한 복음을 통해 경험할 수 있습니다. 하나님이 우리에게 주신 십자가는 하나님의 사랑이 부어져 우리의 죄가 용서받는 장소입니다. 우리에게 있는 마음의 상처는 하나님의 진정한 사랑과 진정한 용서를 통해서만 치유될 수 있습니다. 하나님의 사랑은 영원하고, 완전하고, 무궁무진하여 그 누구라도 사랑하고, 그 누구라도 용서할 수 있습니다. 우리가 하나님의 사랑을 통해 치유를 경험하면 새로운 인생을 살아갈 수 있습니다.

5. 용서하지 아니하면 성령님을 근심하게 만듭니다.

우리가 용서하지 않을 때 우리 안에 계시는 성령님은 근심하십니다.

"하나님의 성령을 근심하게 하지 말라 그 안에서 너희가 구원의 날까지 인치심을 받았느니라 너희는 모든 악독과 노함과 분냄과 떠드는 것과 비방하는 것을 모든 악의와 함께 버리고 서로 친절하게 하며 불쌍히 여기며 서로 용서하기를 하나님이 그리스도 안에서 너희를 용서하심과 같이 하라"(엡 4:30-32)

여기에 등장하는 악독은 사람을 용서하지 못하는 마음을 나타냅니다. 그러므로 우리가 용서하지 않을 때 성령님을 근심하게 만듭니다. 여기서 성령님이 근심하신다는 것은 우리가 올바로 생각할 수 없다는 뜻입니다. 그러므로 우리가 용서하지 못하는 악독과 노함과 분노와 떠는 것과 비방하는 것을 다 버리고 서로 불쌍히 여기며 서로 용서할 때 성령님이 우리 안에서 자연스럽게 역사하심으로 성령님의 능력이 온전히 발휘됨으로 우리는 승리할 수 있습니다.

6. 용서하지 아니하면 사탄에게 속아 넘어갑니다.

"너희가 무슨 일에든지 누구를 용서하면 나도 그리하고 내가 만일 용서한 일이 있으면 용서한 그것은 너희를 위하여 그리스도 앞에서 한 것이니 이는 우리로 사탄에게 속지 않게 하려 함이라 우리는 그 계책을 알지 못하는 바가 아니로라"(고후 2:10-11)

여기서 바울이 용서를 실천한 이유는 분명합니다.

"이는 우리로 사탄에게 속지 않게 하려 함이라"

바울은 사탄에게 속지 않기 위해 용서를 실천했습니다. 그러므로 바울은 사탄의 궤계를 훤히 알고 있었습니다. 마귀 사탄은 우리 그리스도인들에게 역사하여 할 수만 있으면 우리가 서로 용서하지 못하게 만듭니다. 그것이 사탄의 궤계이며 계략입니다. 그러므로 우리가 용서하지 아니하면 마귀 사탄의 계략에 걸려든 것입니다. 사탄에게 속아 넘어간 것입니다. 그러므로 용서하지 아니하면 자신의 마음에 마귀 사탄을 초대하는 것입니다.

그러므로 사탄에게 속지 않기 위해 용서해야 합니다. 우리의 의지를 동원해서 용서하기를 선택하면 우리가 승리할 수 있고, 참된 자유를 누릴 수 있습니다. 우리의 자녀들에게 용서하면서 사는 법을 보여주면, 그들이 어떤 어려운 관계를 갖게 되더라도 용서함으로 하나님이 원하시는 아름다운 삶을 살아갈 수 있습니다. 우리가 용서하면 행복해지고, 용서하지 않으면 불행해짐을 잊지 말고 상대방을 용서해야 합니다.

▶ 실천하기

* 이번과를 통하여 배운 가장 중요한 교훈은 무엇입니까?

* 이번과를 통하여 배우고 깨달은 것을 당신의 삶에 구체적으로 어떻게 적용하시겠습니까?

5. 용서의 장애물

우리가 상대방을 용서하겠다고 결단하는 것은 상대방에게 보복하겠다는 마음을 내려놓고 처벌을 취소하는 것이며, 오히려 적극적으로 관계를 개선하고, 상대방을 축복하는 마음을 갖는 것입니다.

그렇다면 용서의 장애물은 무엇일까요?

1. 용서의 장애물은 용서하고 싶지 않은 마음입니다.

우리가 상대방을 용서하고 싶지 않은 이유는 다양합니다. 상대방이 우리에게 피해를 너무 많이 끼쳤다거나 상대방을 용서하는 과정에서 어떤 비밀이 드러날 것을 생각한다거나 상대방을 용서하는 것은 불공평하다고 생각하거나 상대방의 책임을 너무 쉽게 면제해 준다고 생각하면 우리는 상대방을 용서하고 싶지 않을 것입니다.

우리는 상대방의 행동이 변화되지 않았을 때와 상대방이 잘못한 사실을 인정하지 않았을 때와 상대방이 우리를 부당하게 대하고 상처를 주었을 때와 상대방이 무엇을 잘못했는지 모르고 있을 때와 우리가 받은 상처가 회복되지 않았을 때와 상대방이 아직도 우리를 계속 힘들게 하고 있을 때도 상대방을 용서하고 싶지 않습니다.

하지만 우리의 이와 같은 태도는 상대방을 용서할 수 없게 만듭니다. 우리 하나님께서는 우리가 어떤 형편에 처해 있더라도 용서를 실천하라고 명령하셨습니다. 우리 하나님께서 우리에게 다른 사람을 용서하라고 명령하셨음에도 불구하고 우리가 다른 사람을 용서하지 아니하면 우리는 하나님께 불순종의 죄를 범하는 것입니다. 하나님의 명령은 우리의 감정이나 상황에 따라 선택할 수 있는 것이 아닙니다. 하나님의 명령은 우리의 느낌이나 생각과는 관계없이 우리가 반드시 실천해야 할 명령입니다. 그러므로 우리는 모든 핑계를 극복하고 적극적으로 용서를 실천해야 합니다. 그러므로 상대방을 용서하고 싶지 않은 마음을 정리해야 합니다.

2. 용서의 장애물은 부정적인 감정에 사로잡혀 있는 것입니다.

그러므로 우리가 용서를 실천하려면 마음속에 있는 부정적인 생각과 감정과 태도를 포기해야 합니다. 그리고 우리는 상대방을 긍정적인 생각과 감정과 태도로 대하여야 합니다. 상대방을 용서하기 위해 부정적인 감정에서 벗어나야 합니다. 우리가 상대방을 용서하려면 다음과 같은 단계를 거쳐야 합니다.

우리는 먼저 상대방을 통해 상처를 입고 마음이 너무나 아파 분노할 것입니다. 그리고 우리의 분노는 결국 상대방에게 적대감을 느끼게 만듭니다. 우리는 결국 상대방에게 받은 상처로 인하여 우리의 많은 에너지가 그 문제에 집착하게 만듭니다. 그리고 우리는 상대방에게 받은 상처를 마음속으로 거듭 반복하여 생각합니다. 그리고 우리는 상대방에게 받은 상처로 인한 손실을 계속 생각할 것입니다.

그러므로 우리는 상대방에 대한 새로운 관점으로 우리가 받은 상처를 재구성해야 합니다. 우리는 상대방을 이해하고자 하는 새로운 인식을 해야 합니다. 그럴 때 우리는 상대방을 불쌍히 여길 수 있습니다. 우리는 상대방을 용서하지 못할 때 오는 고통의 의미를 깊이 생각해야 합니다. 그러므로 우리는 상대방에게 입은 상처의 고통을 새로운 방향으로 해결해야 합니다. 우리는 하나님의 말씀을 통해 새로운 변화를 시도해야 합니다.

그리고 우리는 하나님의 말씀을 통해 용서에 대한 탐구를 선택해야 합니다. 그리고 우리는 우리의 죄를 용서하신 하나님의 사랑을 묵상하고 상대방을 용서하기로 결심해야 합니다. 그리고 성령님의 인도하심에 따라 상대방을 용서하고 상대방을 축복하는 기도를 드려야 합니다. 그러므로 우리는 하나님의 사랑으로 상대방을 용서하므로 참된 치유와 자유를 경험할 수 있습니다.

3. 용서의 장애물은 우리 마음에 있는 감정의 찌꺼기들입니다.

우리에게 상처를 준 상대방을 우리가 먼저 용서함으로 파괴적인 인간관계를 끊고, 축복의 관계로 회복해야 합니다. 우리가 상대방을 용서하려면 우리의 마음속에 있는 감정의 찌꺼기인 분노와 적대감과 슬픔과 좌절과 거부감과 보복하려는 마음과 자만심과 교만함과 두려움을 처리해야 합니다.

그리고 우리가 상대방을 용서하려면 긍휼과 겸손함과 상대방을 이해하는 마음과 긍정적인 마음과 순종하는 마음과 사랑하는 마음과 성령으로 충만함을 받아야 합니다. 먼저 자신의 마음을 열고 자신에게 있는 분노에 대해 정직하게 대면해야 합니다. 그리고 상대방에게 조건 없는 용서를 베풀어야 합니다. 우리가 입을 열어 상대방을 용서한다고 말을 하는 것은 참된 치유와 회복을 경험하는 지름길입니다.

그러므로 우리는 하나님께 이렇게 기도할 수 있습니다.

"하나님 아버지, 오늘 저는 하나님의 명령에 따라 상대방이 나에게 상처를 주고 피해를 준 사실에 대해 예수 그리스도의 이름으로 용서하고, 모든 악순환의 고리에서 해방되기를 원합니다. 내가 상대방에게 보복할 모든 권리를 하나님 앞에 내려놓습니다. 하나님께서 바른 관계를 회복할 수 있도록 도와주시고, 상대방을 축복해 주십시오. 예수 그리스도의 이름으로 기도합니다. 아멘"

4. 용서의 장애물은 용서를 비는 것이 부담스러울 때입니다.

용서의 장애물은 가해자가 상대방에게 직접 찾아가 용서를 비는 것이 부담스러울 때입니다. 상대방에게 찾아가 우리의 잘못을 사과하고 용서를 비는 것은 쉬운 일이 아닙니다. 그러므로 우리가 상대방에게 용서를 청할 때는 용서에 대한 하나님의 말씀을 묵상하고, 하나님 말씀의 원리에 따라 상대방을 찾아가서 용서를 구해야 합니다. 상대방에게 찾아가서 무슨 말을 할 것인지 미리 생각하고 계획을 세워 만나야 합니다.

우리가 상처를 준 상대방을 직접 찾아가서 용서를 구하고 회복하는 것이 중요합니다. 가능하면 속히 만나 용서를 구하고, 직접 찾아가 용서를 구하고, 상대방의 잘못을 지적하지 말고 먼저 우리의 잘못을 분명하게 사과하며 용서를 구해야 합니다.

자신이 상대방에게 무엇을 잘못했는지 바로 알아야 하며, 상대방이 부정적으로 반응해도 참고 인내하며 용서를 구해야 합니다. 그리고 상대방에게 준 피해는 상대방에게 보상할 수 있는 한도에서 보상해야 합니다.

5. 용서의 장애물은 상대방이 자신의 잘못을 부인하는 것입니다.

우리에게 상처를 준 상대방을 우리가 사랑으로 대하면 대개는 상대방이 잘못을 인정하고 용서를 빌 것입니다. 하지만 상대방이 자신의 잘못을 시인하는 것에 모욕감을 느끼고, 자신의 잘못을 부인하는 때도 있습니다. 상대방이 자신의 잘못된 행동을 바꾸기 어려운 때도 있습니다.

그렇다면 상대방이 우리에게 자신의 잘못을 사과하지 않는다면 우리는 어떻게 상대방을 용서할 수 있을까요? 상대방이 비록 사과하지 않거나 사과를 할 수 없는 상황에서도 우리는 진심으로 상대방을 용서해 주어야 합니다. 우리가 상대방을 용서하면 그 사람에 대한 분노나 쓴 뿌리를 치유하고 참된 평안을 경험할 수 있기 때문입니다.

"서로 친절하게 하며 불쌍히 여기며 서로 용서하기를 하나님이 그리스도 안에서 너희를 용서하심과 같이 하라"(엡 4:32)

상대방이 우리에게 사과하지 않을 때 우리는 세 가지 방법으로 상대방을 대하여야 합니다.

첫째로 우리는 상대방을 놓아주어야 합니다.

상대방이 자신의 잘못을 사과하지 않더라도 우리의 상처와 분노와 더불어 상대방을 '놓아 주는' 것입니다. 그 사람이 나중에 긍정적인 변화를 시작하면 그때 화해를 시도해도 늦지 않습니다. 상대방을 놓아주면 상대방과 화해로 가는 것은 아니라 하더라도 우리가 감정적으로나 정신적으로 자유로워지므로 변화된 모습으로 살아갈 수 있습니다.

둘째로 우리는 우리의 잘못도 인정해야 합니다.

부당한 대우를 받은 탓에 생긴 고통과 분노에서 자유로워지는 두 번째 단계는 그 상황에서 우리의 잘못을 인정하는 것입니다. 부당한 대우를 받았을 때 화를 내는 것은 적절한 반응입니다. 하지만 분노는 우리의 내면에 거주자가 아니라 방문객이라는 사실을 알아야 합니다. 우리의 분노는 우리를 자극해서 잘못한 사람과 대면하여 화해하도록 만듭니다. 하지만 우리가 계속해서 분노를 속에 품고 있으면 그것은 쓰라림이 되고 증오로 변합니다. 결국 분노를 품은 사람을 자신의 인격을 파괴할 것입니다. 그러므로 우리의 상처나 분노를 우리가 조절하지 못했음을 인정하면서 더 심한 적개심을 예방할 수 있습니다.

셋째로 우리는 선으로 악을 이겨야 합니다.

우리를 사랑으로 대하여야 할 가족으로부터 상처를 받았을 때 그 고통은 오래갑니다. 그 대상이 부모일 때는 그들이 늙었을 때라야 그 사실을 인정하거나 전혀 알지 못할 수도 있습니다. 그런데도 그 부모에게 사랑으로 대할 때에 아름다운 일이 일어납니다. 상처를 준 사람에게 사과를 기대하면 어쩌면 평생이 걸릴 수도 있겠지만 먼저 연민을 표하고, 진정한 사랑을 보여 줄 때, 상대방도 치료되고, 우리도 치료되어 그 고통에서 벗어날 수 있습니다. 우리에게 잘못을 저지른 사람을 놓아주고, 우리의 잘못도 인정하며, 상대방을 사랑하기 위해 먼저 손을 내밀고 노력한다면, 우리는 자유롭고 건설적인 방식으로 시간과 에너지를 사용할 수 있습니다.

▶ 실천하기

* 이번 과를 통하여 배운 가장 중요한 교훈은 무엇입니까?

* 이번 과를 통하여 배우고 깨달은 것을 당신의 삶에 구체적으로 어떻게 적용하시겠습니까?

6. 용서의 비결

우리가 상대방을 용서하면 우리가 받은 상처에서 회복되어 인간관계에서 일어나는 모든 갈등을 극복하고, 여러 사람과 아름다운 관계를 맺을 수 있습니다. 우리가 상대방을 용서하면 사회생활이나 공동체 생활에서 긍정적으로 상호작용하여 아름다운 관계가 형성됩니다. 우리가 상대방을 용서하면 우리에게 일어날 어려운 일들을 미리 준비하여 올바르게 반응할 수 있습니다.

그러므로 바울은 용서의 비결을 이렇게 제시합니다.

"새 사람을 입었으니 이는 자기를 창조하신 이의 형상을 따라 지식에
까지 새롭게 하심을 입은 자니라 거기에는 헬라인이나 유대인이나 할
례파나 무할례파나 야만인이나 스구디아인이나 종이나 자유인이 차
별이 있을 수 없나니 오직 그리스도는 만유시요 만유 안에 계시니라
그러므로 너희는 하나님이 택하사 거룩하고 사랑 받는 자처럼 긍휼과
자비와 겸손과 온유와 오래 참음을 옷 입고 누가 누구에게 불만이 있
거든 서로 용납하여 피차 용서하되 주께서 너희를 용서하신 것 같이
너희도 그리하고"(골 3:10-13)

이 말씀은 용서를 말하기 전에 상대방을 용서할 수 있는 많은 비결을
제시합니다. 우리가 이제 새사람이 되었습니다. 하나님의 형상을 따라
지식에까지 새롭게 하심을 입었습니다. 하나님이 선택하여 거룩한 사
람이 되었습니다. 그리고 하나님의 사랑받는 사람이 되었습니다.

그러므로 우리는 긍휼과 자비와 겸손과 온유와 오래 참음으로 옷을
입고 상대방을 용납하여 피차 용서하라고 말합니다. 그리고 용서의 가
장 중요한 원칙은 "주께서 너희를 용서하신 것 같이"입니다. 주님께서
우리를 용서해 주셨기 때문에 우리도 상대방을 용서하는 것입니다.

그렇다면 용서의 참된 비결이란 무엇일까요?

1. 용서의 비결은 하나님의 용서를 먼저 체험해야 합니다.

우리가 하나님께서 우리를 완전하게 용서해 주셨다는 사실을 이해하지 못하면 우리는 결코 상대방을 용서할 수 없습니다. 만일 우리가 하나님의 복음을 통한 용서를 체험하지 못했다면 또한 회개의 복음을 통해 하나님께 우리의 잘못을 용서해 달라고 기도하지 못했다면 우리는 다른 사람이 우리에게 깊은 상처를 준 사실에 대해 진심으로 용서할 수 없습니다. 하지만 참된 그리스도인은 하나님의 용서를 체험하고 이제 새 사람이 되었습니다. 우리는 예수 그리스도를 영접하고, 용서를 받았으며, 새사람이 되었습니다. 다른 사람을 용서할 수 있는 은혜를 우리가 먼저 체험한 것입니다.

그러므로 찰스 스펄전은 이렇게 말합니다.

"우리가 어떻게 용서함을 받았는가를 배우기 위해 갈보리로 가야 합니다. 그리고 거기 머물면서 어떻게 용서할 것인가를 배워야 합니다."

하나님으로부터 용서를 받은 우리는 이제 우리에게 죄를 범한 상대방을 용서해야 합니다. 그들은 우리의 가족이거나 남편이거나 부모이거나 친구이거나 회사의 동료일 것입니다.

우리가 용서받은 것은 용서받을 자격이 있어서 용서받은 것이 아니라 조건 없는 하나님의 사랑으로 용서받았기 때문입니다. 우리 예수님께서는 용서의 놀라운 메시지를 전하셨습니다. 마태복음 18장 21절부터 35절에 등장하는 임금은 사랑하지 못할 자를 사랑하고, 용서하지 못할 자를 용서하고 있습니다. 그러므로 우리도 이 말씀을 통하여 하나님의 사랑과 용서를 체험하고 상대방을 용서해야 합니다.

예수님은 이 말씀의 결론을 이렇게 내리고 있습니다.

"너희가 각각 마음으로부터 형제를 용서하지 아니하면 나의 하늘 아버지께서도 너희에게 이와 같이 하시리라"(마 18:35)

그러므로 우리는 예수님의 엄중한 경고를 듣고 용서하는 사람이 되어야 합니다.

2. 용서의 비결은 사랑의 사람이 되어야 합니다.

하나님과 우리와의 관계에서 가장 아름다운 단어가 있다면 어떤 단어일까요? 그것은 사랑과 용서입니다. 우리는 하나님의 사랑으로 모든 죄와 허물을 용서받았습니다. 우리는 마태복음 18장 21절부터 35절에서 사랑과 용서의 하나님을 발견합니다. 하나님은 죄인인 우리를 사랑하셔서 엄청난 대가를 치르시고 우리의 모든 죄를 용서해 주셨습니다.

이제 우리는 하나님의 사랑을 경험한 성도로서 하나님께서 보여주신 사랑과 용서를 다른 사람들에게 보여주는 사람이 되어야 합니다.

하나님께서 우리를 놀라운 사랑으로 사랑해 주셨다는 사실을 깊이 체험하면 우리도 다른 사람들을 더 많이 사랑할 수 있습니다. 우리가 다른 사람들을 더 많이 사랑할수록 다른 사람들을 더 쉽게 용서할 수 있습니다. 우리는 이제 자신에게 죄를 범한 상대방을 사랑의 대상으로 여겨야 합니다. 우리가 다른 사람을 진정으로 용서하게 되면 그 사람을 사랑할 수 있습니다. 그 사람에 대한 미운 감정이 사랑의 감정으로 바뀌게 됩니다. 용서란 정의를 구하기보다는 사랑을 선택하는 것입니다. 우리가 살아가다 보면 상처를 줄 수도 있고, 상처를 받을 수도 있습니다. 그럴 때 상대방의 잘못을 용서하지 않으면 우리에게는 오로지 정의만 남습니다. 정의라는 잣대를 들이대면 대다수 사람이 결국 감옥에 가게 될 것입니다.

그러므로 가장 위대한 사랑은 상대방을 용서하는 사랑입니다. 우리가 상대방을 용서하기도 쉽지 않지만, 더더욱 그 사람을 사랑한다는 것은 더 쉽지 않습니다. 하지만 우리는 예수님의 용서를 체험했을 뿐만 아니라 예수님의 사랑도 체험했습니다. 우리 예수님께서는 우리를 용서하셨을 뿐만 아니라 우리를 진정으로 사랑해 주셨습니다.

바울은 에베소서 5장 1절부터 2절에서 하나님께 사랑받은 사람이 어떻게 살아야 하는지를 말합니다.

"그러므로 사랑을 받는 자녀 같이 너희는 하나님을 본받는 자가 되고 그리스도께서 너희를 사랑하신 것 같이 너희도 사랑 가운데서 행하라 그는 우리를 위하여 자신을 버리사 향기로운 제물과 희생제물로 하나님께 드리셨느니라"

그렇다면 우리가 어떻게 사랑의 하나님을 닮아갈 수 있을까요? 우리가 용서의 사랑을 실천함으로 하나님을 닮아갈 수 있습니다. 용서란 공평해야 한다는 마음보다 화해하고 싶은 소망을 품는 것입니다. 이제 우리는 긍휼과 자비와 겸손과 온유와 오래 참음으로 옷을 입어야 합니다(골 3:12). 우리는 서로 친절하게 대하며 불쌍히 여기며 서로 용서하기를 하나님이 그리스도 안에서 우리를 용서하신 것처럼 상대방을 용서해야 합니다(엡 4:32). 만약 우리가 다른 사람을 사랑할 수 없다면 그 사람을 진정으로 용서한 것이 아닙니다.

3. 용서의 비결은 자신의 미숙함을 보아야 합니다.

우리 예수님께서 우리를 용서하신 것은 우리가 잘못이 많은 미숙한 사람이기 때문입니다. 우리는 결코 완벽하고 잘난 사람이기 때문에 용서받은 것이 아니라 오직 하나님의 사랑과 자비 때문에 용서를 받았습니다. 이 세상에 완벽한 사람은 아무도 없습니다.

그러므로 우리가 다른 사람을 용서하기가 어렵다면 우리 예수님께서 우리가 잘못이 있었음에도 우리를 용서해 주셨다는 사실을 깊이 깨달아야 합니다. 우리가 다른 사람을 용서한다는 것은 죄인이 또 다른 죄인을 용서하는 것과 같습니다. 우리나 상대방이나 모두 다 허물이 가득한 죄인들이기 때문입니다.

그러므로 로버트 파라 케이폰은 이렇게 말합니다.

"우리는 용서받을 만한 사람이 되었거나, 믿음을 가졌기 때문에 용서받은 것이 아니라 오직 용서하시는 분이 계시기 때문에 우리가 용서를 받았습니다."

그러므로 상대방을 용서할 때 하나님을 본받아 용서를 실천해야 합니다. 우리 하나님께서는 아무런 잘못이 없었지만 많은 죄를 범한 우리를 용서해 주셨습니다. 하지만 우리는 죄 많은 우리가 더 큰 실수를 범한 상대방을 용서해 주는 것입니다.

4. 용서의 비결은 모든 것을 하나님께 맡겨야 합니다.

"내 사랑하는 자들아 너희가 친히 원수를 갚지 말고 하나님의 진노하심에 맡기라 기록되었으되 원수 갚는 것이 내게 있으니 내가 갚으리라고 주께서 말씀하시니라 네 원수가 주리거든 먹이고 목마르거든 마시게 하라 그리함으로 네가 숯불을 그 머리에 쌓아 놓으리라 악에게 지지 말고 선으로 악을 이기라"(롬 12:19-21)

우리에게 참된 하나님 아버지가 계시기 때문에 그분에게 모든 것을 맡길 수 있습니다. 그분이 우리에게 있는 용서의 문제를 다 해결해 주시겠다고 말씀하시며, 용서의 문제를 맡기라고 말씀하십니다.

그러므로 우리는 상대방에게 잘해주므로 선으로 악을 이겨야 합니다. 우리가 다른 사람을 용서한다고 해서 그 사람이 하나님의 심판에서 벗어나는 것은 아닙니다. 우리가 다른 사람을 용서해도 그 사람은 하나님의 심판을 받을 것입니다. 그들은 자신들이 잘못한 부분에 대해 하나님께 심판을 받을 것입니다.

우리에게 상처를 준 사람들에게 환난으로 갚으시고 상처를 받은 우리에게는 평안과 위로로 갚아 주시는 것이 하나님의 공의입니다. 우리가 용서를 실천해도 그 사람이 회개하지 않으면 그 사람은 하나님께 더 큰 심판을 받을 것입니다. 그러므로 우리는 모든 것을 하나님께 맡기고 우리에게 잘못한 사람을 용서해야 합니다.

5. 용서의 비결은 두려움을 극복해야 합니다.

우리가 상대방을 용서하려고 할 때 우리에게는 다음과 같은 두려움
이 생길 것입니다.

"상대방은 분명히 나에게 사과하지 않을 것이다."

"내가 상처받았다는 것을 인정해야 하는데 그것이 어렵다."

"내가 용서하면 그 사람은 계속 잘못을 저지르고도 아무것도 모를 것
이다."

"나도 잘못이 있었음을 고백해야 하는데 그것도 어렵다."

우리는 이러한 두려움이 있을 때 그 두려움을 잘 극복하고 상대방을
용서해야 합니다. 상대방이 사과하지 않더라도 우리는 내 마음의 분노
를 치유하기로 선택해야 합니다. 내가 상처를 받았다고 인정하면 상대
방은 대부분 자신이 그 상처를 주었음을 인정할 것입니다. 서로가 잘못
을 고백하면 용서의 위력을 배울 수 있습니다. 우리가 하나님의 위대한
사랑을 실천하려면 상대방을 용서하는 것을 자연스러운 부분으로 여겨
야 합니다. 상대방이 우리의 용서에 어떻게 반응하느냐는 중요하지 않
습니다.

다만 사랑을 실천하는 사람들은 용서할 기회가 생겼을 때 그 기회를

놓치지 않고 용서를 실천하는 것입니다. 두려움은 용서의 훼방꾼이지만 사랑만큼 강하지 않습니다.

날카로운 비판 대신 용서를 보여주는 것이야말로 진정한 사랑을 실천하는 것입니다. 용서하는 사람은 상처에 집착하지 않고, 분노를 폭발하지 않고, 상대방과 관계를 회복하는 일에 에너지를 쏟는 것입니다.

6. 용서의 비결은 깨끗한 양심을 가져야 합니다.

우리가 상대방을 진정으로 용서할 때 깨끗한 양심을 가질 수 있습니다. 여기서 깨끗한 양심이란 하나님이나 사람을 대하여 막힌 것이 하나도 없다는 것입니다. 그러므로 우리가 깨끗한 양심을 소유하기 위해서 가해자는 피해자를 찾아가서 용서를 구하고 보상해야 합니다.

그리고 피해자는 가해자에게 죄의 빚을 탕감해주며 용서해 주어야 합니다. 우리의 양심은 하나님께 죄를 자백하기 전에는 절대로 깨끗해질 수 없습니다. 하지만 우리가 우리의 모든 죄를 자백하면 우리의 양심은 깨끗해집니다.

"만일 우리가 우리 죄를 자백하면 그는 미쁘시고 의로우사 우리 죄를 사하시며 우리를 모든 불의에서 깨끗하게 하실 것이요"(요일 1:9)

우리의 양심이 깨끗하다는 것은 우리의 눈 속에 들보가 없는 것입니다. 그러므로 예수님은 우리가 먼저 우리 눈 속에 있는 들보를 빼낸 후에 상대방의 눈 속에 있는 티를 빼주라고 말씀하십니다.

"보라 네 눈 속에 들보가 있는데 어찌하여 형제에게 말하기를 나로 네 눈 속에 있는 티를 빼게 하라 하겠느냐 외식하는 자여 먼저 네 눈 속에서 들보를 빼어라 그 후에야 밝히 보고 형제의 눈 속에서 티를 빼리라"(마 7:4-5)

그러므로 우리가 깨끗한 양심을 소유해야 용서를 실천할 수 있습니다.

7. 용서의 비결은 진실한 마음으로 상대방을 불쌍히 여겨야 합니다.

우리가 상대방을 진심으로 용서하지 아니하면 우리의 마음에 진정한 자유가 없습니다. 우리가 상대방을 진심으로 용서하지 아니하면 우리의 마음에 참된 평안도 없습니다. 우리가 상대방을 진심으로 용서하지 아니하면 우리의 마음에 참된 치유를 경험할 수 없습니다. 그 결과 상대방이 계속 미워지고 친밀감은 사라질 것입니다. 그러므로 우리는 상대방을 진심으로 용서해야 합니다. 우리가 상대방을 진심으로 용서하지 아니하면 우리 하나님께서도 우리를 용서하지 않으신다고 말씀하십니다.

"너희가 각각 마음으로부터 형제를 용서하지 아니하면 나의 하늘 아

버지께서도 너희에게 이와 같이 하시리라"(마 18:35)

이제 우리는 상대방을 불쌍히 여기는 마음을 가져야 합니다. 상대방이 우리에게 상처를 주고 싶어서 상처를 주었던 것이 아니라 어떤 이유가 분명히 있었을 것입니다. 상대방이 어릴 때부터 상처를 받고 자랐다거나 거부를 당했기 때문에 그런 행동을 했을 것입니다. 따라서 상대방을 불쌍히 여기는 마음이 있어야 상대방을 진심으로 용서할 수 있습니다. 그러므로 바울은 용서를 말하기 전에 서로 친절하게 대하며 서로 불쌍히 여기라고 말합니다.

"서로 친절하게 하며 불쌍히 여기며 서로 용서하기를 하나님이 그리스도 안에서 너희를 용서하심과 같이 하라"(엡 4:32)

그러므로 우리에게 상대방을 불쌍히 여기는 마음이 없다면 우리는 상대방을 진심으로 용서할 수 없습니다. 우리가 하나님께 용서를 받은 것도 하나님께서 우리를 불쌍히 여기셨기 때문입니다. 그러므로 우리도 예수님을 본받아 상대방을 불쌍히 여기는 마음을 가지고 상대방에게 자비를 베풀어야 합니다. 하나님의 자비로 용서받은 우리가 상대방을 모질고 거만한 태도로 용서하지 아니하면 우리에게서 하나님의 사랑이 사라질 것입니다.

그러므로 베드로는 우리에게 형제를 사랑하여 겸손한 마음으로 불쌍히 여기고, 악을 악으로 갚지 말고, 욕을 욕으로 갚지 말고, 상대방을 축복하라고 권면합니다.

"너희가 다 마음을 같이하여 동정하며 형제를 사랑하며 불쌍히 여기며 겸손하며 악을 악으로, 욕을 욕으로 갚지 말고 도리어 복을 빌라 이를 위하여 너희가 부르심을 받았으니 이는 복을 이어받게 하려 하심이라"(벧전 3:8-9)

그러므로 우리가 상대방을 진심으로 용서한다는 것은 우리가 상대방을 사랑으로 품어 주는 것이며, 우리가 상대방이 잘되기를 바라는 것이며, 우리가 상대방을 축복해 주는 것이며, 우리가 상대방이 진심으로 잘되도록 기도해 주는 것입니다.

8. 용서의 비결은 하나님을 본받아야 합니다.

우리 그리스도인들이 누구일까요?

우리는 사랑의 하나님을 통해 참된 용서를 배운 사람들입니다. 그러므로 우리가 예수님을 만나기 전에는 우리에게 잘못한 상대방을 어떻게 용서해야 하는지 알지 못했습니다. 하지만 하나님께서 우리에게 참된 용서의 모범을 보여주심으로 우리는 이제 참된 용서가 무엇인지 알게 되었습니다.

그러므로 우리는 하나님 아버지처럼 그리고 우리 예수님처럼 용서를 실천해야 합니다. 그러므로 바울도 우리에게 예수님처럼 용서하라고 권면합니다.

"누가 누구에게 불만이 있거든 서로 용납하여 피차 용서하되 주께서 너희를 용서하신 것 같이 너희도 그리하고, 서로 친절하게 하며 불쌍히 여기며 서로 용서하기를 하나님이 그리스도 안에서 너희를 용서하심과 같이 하라"(골 3:13, 엡 4:32)

"주께서 너희를 용서하신 것 같이"

"하나님이 그리스도 안에서 너희를 용서하심과 같이"

그러므로 우리는 하나님께 진정한 용서의 방법을 배워서 용서를 실천해야 합니다.

9. 우리는 이제 용서를 실천해야 합니다.

"누가 누구에게 불만이 있거든 서로 용납하여 피차 용서하되 주께서 너희를 용서하신 것 같이 너희도 그리하고"(골 3:13)

우리가 먼저 예수 그리스도를 통해 용서를 받았습니다. 우리 하나님으로부터 다른 사람을 용서할 수 있는 은혜와 성품을 받았습니다. 우리가 예수님의 용서를 체험한 것처럼 우리도 다른 사람을 용서함으로 예수님의 성품과 사랑을 드러내야 합니다.

우리가 용서를 실천함으로 하나님의 사랑을 온 천하에 드러내어 사랑의 모델이 되어야 합니다.

우리가 상대방을 용서할 때 '용서하는 영'이 우리를 통해 역사할 것입니다. 우리의 연약함을 알고, 우리의 모든 것을 하나님께 맡기고, 용서할 결심을 하므로 용서를 실천해야 합니다. 우리가 다른 사람을 용서하는 것은 의지의 문제이지 감정의 문제가 아닙니다.

우리가 다른 사람을 용서하는 것은 우리의 선택의 문제입니다. 그러므로 우리는 이제 용서를 실천해야 합니다.

▶ 실천하기

* 이번 과를 통하여 배운 가장 중요한 교훈은 무엇입니까?

* 이번 과를 통하여 배우고 깨달은 것을 당신의 삶에 구체적으로 어떻게 적용하시겠습니까?

7. 용서의 결과

용서와 가장 잘 어울리는 단어가 있다면 무엇일까요?

용서와 가장 잘 어울리는 단어는 평안함입니다. 용서와 평안함은 함께 갑니다. 용서하면 평안함이 있고, 용서하지 못하면 평안함이 없습니다. 많은 사람이 오랫동안 참된 평안을 누리지 못하는 이유는 참된 용서를 실천하지 않기 때문입니다.

마음에 평안함이 없습니까?

용서를 실천해보십시오.

누구라도 용서하기 시작하면

오랫동안 누리지 못하던 평안함이 마음속에 찾아올 것입니다.

용서란 우리에게 상처를 준 사람을 자유롭게 놓아주고, 풀어주는 것입니다. 그리고 우리는 하나님으로부터 평안이라는 선물을 받는 것입니다. 하지만 누구라도 우리에게 상처를 준 사람을 미워하고 원한을 품으면 평안함은 사라집니다. 우리의 마음의 평안함을 잃어버리는 가장 쉬운 길은 우리의 마음에 원한을 품는 것입니다.

그러므로 우리는 선택해야 합니다.

우리는 과연 무엇을 선택해야 할까요?

용서일까요?

원한일까요?

평안함일까요?

비통함일까요?

여기 용서를 실천함으로 참된 평안함을 찾은 사람들이 있습니다.

1. 로라 볼루멘텔트라는 여성은 용서를 실천하여 평안을 찾았습니다.

그녀가 어렸을 때 아버지와 함께 이스라엘 성지를 순례하고 있었습니다. 그때 한 테러리스트가 쏜 총알이 아버지의 머리를 관통하고 말았습니다. 충격을 받은 소녀는 복수할 생각으로 히브리어와 아람어를 열심히 공부하였습니다. 그녀는 법원 기록을 뒤져 12년 만에 범인의 소재를 확인하였습니다. 테러범의 이름은 '오마르 하티브'였습니다. 그녀는 기자가 되어 이스라엘 근무를 자청했고 발령을 받았습니다. 이제 드디어 아버지를 죽인 범임을 찾아내어 복수할 기회가 왔습니다. 그녀는 자신의 신분을 숨긴 채 범인과 가족을 만났습니다.

그런데 갑자기 그녀의 마음속에 하나님의 음성이 들렸습니다.

"진정한 복수는 그들이 자신의 죄를 회개하게 만드는 것이다. 물리적 복수는 동물적 본능일 뿐이다. 화해를 실천해야 한다."

하나님의 음성을 듣고 그녀는 아버지를 죽인 그 사람을 용서하기로 선택했습니다. 그래서 그녀는 아버지를 죽인 테러범을 찾아가 용서를 구했습니다. 그동안 그녀가 복수심에 불타서 테러범을 죽이려고 했던 사실을 그 테러범에게 고백하며 용서를 구하고 그 사람과 화해하였습니다. 그리고 그녀는 범인의 가석방을 위하여 탄원서를 내면서 도와주었습니다. 나중에는 테러범과 인간적인 관계도 갖게 되었습니다. 그녀가 바로 전 워싱턴포스트지 기자인 '로라 볼루멘텔트'라는 여성입니다.

그러므로 이 여성은 용서를 실천함으로 참된 평안을 찾았습니다.

2. 남아프리카 공화국의 넬슨 만델라 전 대통령도 용서를 실천하여 평안을 찾았습니다.

만델라는 백인 정권의 핍박을 받아 27년간 감옥에서 생활했습니다. 그 시간은 미움과 원한이 사무칠 만한 시간과 환경이었습니다. 그는 모든 권리를 송두리째 빼앗기고 자존감이 무참히 짓밟히는 일을 수없이 당했습니다. 그런데 그는 석방 이후 대통령이 되었습니다.

창세기에 등장하는 요셉처럼 바닥에서 정상까지 올라간 것입니다. 그런데 그가 외친 메시지는 보복의 메시지가 아니라 화해의 메시지였습니다. 징벌이 아니라 용서의 메시지였습니다. 그가 가는 곳마다 밝은 미소를 띠면서 용서와 화해를 선포했습니다. 잔혹한 차별이 있었던 남아프리카 공화국에서 흑인들이 백인들에게 보복하지 않았습니다. 만델라의 용서가 그렇게 만든 것입니다. 그러므로 만델라는 용서를 실천함으로 참된 평안을 찾았습니다.

3. 4명의 가족을 잃었던 윤동윤 형제도 용서를 실천하여 평안을 찾았습니다.

우리는 2008년에 샌디에이고의 주택가에 미국 전투기가 추락했던 사실을 알고 있습니다. 그때 갑작스러운 사고로 4명의 사망자가 발생해 전 세계를 안타깝게 했습니다. 아내와 두 딸과 장모를 순식간에 잃어버린 윤동윤은 처참한 비극 중에서 한국인의 위상을 높여준 자랑스러운 사람이 되었습니다. 가족을 다 잃어버린 소감을 묻는 기자들에게 눈물을 삼키면서 유창한 영어로 말했습니다.

"내 가족들이 눈앞에 보이는 것 같습니다. 나는 어찌할 바를 모르겠습니다. 나보다도 더 비참한 경험을 하신 분들이 계실 것입니다. 그분들은 이런 비통한 처지를 어떻게 감당할 수 있는지를 가르쳐 주시기를 바랍니다. 나는 아내의 산후조리를 해주기 위하여 한국에서 일부러 오신 장모님이 돌아가셔서 장인에게 어떻게 사과를 해야 할지 모르겠습니다. 하지만 나는 추락 사고를 낸 조종사에게 나쁜 감정이 없습니다. 조종사는 그가 할 수 있는 최선을 다했기 때문에 저는 그를 용서합니다."

이 기자회견을 보도한 CBS의 뉴스 평론가들은 "이분이야말로 우리의 영웅이다"라고 말했습니다. 윤동윤씨는 1989년에 미국으로 이민 온 매형 소유의 커피숍과 멕시코 국경 근처에 있는 잡화 상점을 운영하는 일을 돕고 있었습니다. 윤동윤의 가족은 신앙이 돈독한 그리스도인이었고 변을 당한 그의 아내 윤영미 씨도 산앙심이 강한 여자로서 한국에서 간호사였고, 미국의 간호자 자격을 위하여 준비 중이었습니다. 미국의 모든 언론 매체는 윤 씨의 비범한 마음씨에 아낌없는 찬사를 보냈으며, 미국 해군 장관 도널드 윈터(Donald Winter)는 워싱턴에서 샌디에이고로 날라와 윤동윤에게 미국 정부와 해군을 대표해서 심심한 위로를 전했습니다. 윈터 장관은 지역의 해군과 해병대의 수뇌들에게 유족을 도울 조치를 즉시로 취하라는 지시를 내리기도 했습니다. 해군 장관으로서는 당연히 취해야 할 처사였습니다. 이런 상황 속에서 윤동윤은 모범적인 그리스도인으로서 용서를 실천했습니다.

사실 미국은 모든 문제를 소송으로 해결하는 나라입니다. 따라서 만일 피해자 윤동윤이 미국 정부를 상대로 소송을 했다면 거액의 보상금을 받을 수 있었을 것입니다. 그러나 윤동윤은 전혀 사심 없었고, 오히려 용서를 선언했습니다. 그의 용서의 메시지는 미국 국민에게 진한 감동을 주었습니다.

그처럼 아름다운 소식이 방송매체를 통해 널리 전파되자 여기저기에서 후원금이 들어왔습니다. 그러나 윤동윤은 후원금 역시 취하지 않고 한국과 미국의 어려운 사람을 위한 자선기금으로 내놓으면서 "이 후원금은 나를 위해 쓰라는 뜻이 아닌 것 같습니다. 그래서 저는 이 후원금을 아내가 생전에 매달 기부해오던 어린이재단과 기독교단체에 보내 그 뜻을 이어가고 싶습니다."라고 말했습니다. 참으로 그의 행동은 어렵고 힘들어 가슴이 얼어붙은 사람들을 쩡하게 녹이는 치유의 메시지였습니다. 전 세계적으로 어려운 이때 윤동윤 형제의 용서 메시지는 참으로 아름다운 이야기요, 위로와 도전의 메시지였습니다. 그러므로 윤동윤 형제는 용서를 실천함으로 참된 평안을 찾았습니다.

4. 코리 텐 붐 여사도 용서를 실천하여 평안을 찾았습니다.

제2차 세계대전 당시 네덜란드의 코리 텐 붐 여사 집에 유대인을 숨겨준 죄로 가족들이 모두 독일군에게 체포되어 강제수용소에 갔습니다. 부모님과 언니는 그 가혹한 고문을 이기지 못해서 수용소에서 죽었지만, 코리 텐 붐 여사는 구사일생으로 살아서 고국으로 돌아오게 되었습니다. 그 후 코리 텐 붐 여사는 여러 곳을 다니며 복음을 증거 하는 사역을 했습니다. 코리 텐 붐 여사가 복음을 증거 할 때 성령의 음성이 들려왔습니다.

"독일은 전쟁을 일으킨 민족이기 때문에 지금 큰 상처를 입고 있다. 그들에게 가서 복음을 증거하라"

코리 텐 붐 여사는 하나님께 이렇게 말했습니다.

"하나님께서 가라면 어디든지 가겠습니다. 그렇지만 독일에만은 못 가겠습니다. 하나님, 그곳만은 빼주십시오. 독일 사람이 우리 부모님도 죽이고 언니도 죽였습니다. 내가 강제수용소에서 당한 고통은 말로 형용할 수 없습니다. 그 독일 사람에게 가서 내가 복음을 증거 할 수는 없습니다."

그때 하나님께서 그녀에게 이렇게 말씀하셨습니다.

"사랑하는 딸아 내가 나를 저주하고 욕하고 등진 사람들을 위해서 십자가를 진 것을 기억하라. 네가 내 딸이면 독일 사람에게 가서 복음을 전하라"

그 말씀을 듣고, 코리 텐 붐 여사는 독일에 가서 복음을 전했습니다. 그녀는 가는 곳마다 많은 사람이 눈물을 흘리며 회개하고 주님께 나오는 것을 보고 보람을 느꼈습니다.

그런데 하루는 설교를 마치고 강단에서 내려서자 많은 사람이 악수하기 위해 줄을 섰는데 허름한 외투를 입은 한 남자가 앞으로 다가오는 것을 보고 여사는 심장이 멎고 온몸의 피가 거꾸로 흐르는 것 같았습니다. 왜냐하면 그 남자는 강제수용소에서 자기에게 무시무시한 고통을 가한 악명 높은 강제수용소 감독이었기 때문입니다. 그 남자는 한겨울 이른 새벽에 여자 포로들을 나체로 바깥에 서 있게 하고, 먹을 것도 주지 않고, 갖은 횡포를 다해 괴롭힌 장본인이었습니다. 바로 그 사람 손에 여사의 사촌 언니 벳시가 강간당하고 견디지 못하여 끝내 수용소에서 죽었습니다. 강제수용소에서 있었던 악몽 같은 괴로운 기억들이 주마 등같이 스치는데 앞에 있는 바로 그 남자가 손을 내미는 것이었습니다.

코리 텐 붐 여사는 도저히 손을 내밀어 그 남자와 악수할 수가 없어서 얼른 마음속으로 기도했습니다.

"예수님 저는 하늘에서 진노의 벼락이 내려 이 사람을 때리기 전에는 용서할 수 없습니다. 저를 도와주십시오. 저는 도저히 이 사람만은 용서할 수 없습니다. 예수님 저를 용서해 주십시오."

그러나 예수님께서는 말씀하셨습니다.

"십자가에서 나를 못 박고 죽이고 침 뱉으며 채찍으로 때리고 조롱하며 가시관을 씌워서 나를 괴롭히는 사람들을 내가 용서하지 않았느냐? 너도 용서해 주어라"

그녀는 이렇게 기도합니다.

"하나님이 도와주지 않으시면 못합니다."

그녀가 기도하자 성령의 능력이 임하여서 여사의 손이 나가서 그 사람의 손을 잡았습니다.

그러자 그 사람은 무거운 입을 열어 이렇게 말했습니다.

"네덜란드 사람인 당신이 전쟁 때 우리 독일 사람이 저지른 죄를 용서하고 복음을 전해 주어서 얼마나 기쁜지 모릅니다. 저는 죄를 많이 지은 사람입니다. 죄를 용서받고 새사람이 되기 위해서 오늘 주님 앞에 나왔으니 저를 위해서 기도해 주십시오."

그 순간 갑자기 하늘 문이 열리고 주님의 사랑이 여사에게 넘치게 임했습니다. 순식간에 미움과 원한이 눈 녹듯이 다 녹아버리고 말았습니다. 코리 텐 붐 여사는 그리스도의 큰 사랑으로 그 사람을 용서해 주었고, 그 사람의 영혼이 구원받기 위해서 기도해 주었습니다. 코리 텐 붐 여사는 그때 자신의 마음속에 남아있던 쓰라린 원한의 상처가 치료되고, 그 이후로 온 세계에 다니면서 용서와 사랑을 힘 있게 전할 수가 있었다고 고백하였습니다. 하나님의 은혜였습니다.

우리도 이처럼 할 수 있습니다.

코리 텐 붐 여사도 용서를 실천하므로 참된 평안을 찾았습니다.

5. 우리도 용서를 실천함으로 죄의 권세에 묶여있는 사람을 풀어주어야 합니다.

그러므로 하나님의 은혜로 용서받은 우리가 먼저 찾아가서 상대방을 죄의 권세로부터 풀어주어야 합니다. 피해자의 특권인 용서를 실천해야 합니다. 하나님과의 관계가 회복되도록, 그가 회개하여 자유를 누리도록 도와주어야 합니다. 상대방을 위해서 진심으로 기도하면서 주님의 도우심으로 용서를 실천해야 합니다.

우리가 용서의 권세를 사용하면 어둠이 물러가고 세상이 아름답게 변화될 수 있습니다.

그러므로 우리 하나님께서는 모든 사람과 화목하게 하는 아름다운 직분을 우리에게 주셨습니다.

"모든 것이 하나님께로서 났으며 그가 그리스도로 말미암아 우리를 자기와 화목하게 하시고 또 우리에게 화목하게 하는 직분을 주셨으니"(고후 5:18)

그러므로 우리 때문에 상처받고 고통을 당하는 사람이 있다면 용서를 구해야 합니다.

어떤 사람은 자신이 용서를 실천하기에는 너무나 큰 피해를 보았다고 느끼는 사람들이 있습니다. 하지만 피해를 본 사람은 용서의 기회를 잡은 행운아입니다. 이 세상에서 가장 강한 메시지는 피해자의 용서 메시지입니다. 내가 아무리 피해를 많이 입었더라도, 내가 아무리 상처를 많이 받았더라도 용서를 실천할 수 있습니다.

하지만 세상에서 가장 잘못된 모습은 피해자가 용서하지 못하고 보복하려는 악심을 품고 독해지는 것입니다. 어떤 사람이 큰 피해를 보았다면 매우 불쌍하게 보일 것입니다.

하지만 피해를 본 사람이 보복하려는 독한 마음으로 살아간다면 그런 모습이야말로 가장 안타까운 모습입니다.

우리 예수님은 십자가를 지고 죽어 가시면서도 자기를 죽이는 자들을 용서하셨습니다.

"이에 예수께서 이르시되 아버지 저들을 사하여 주옵소서 자기들이 하는 것을 알지 못함이니이다 하시더라 그들이 그의 옷을 나눠 제비 뽑을새"(눅 23:34)

그러므로 상대방을 용서하는 것은 십자가의 복음을 실천하는 것입니다.

▶ 실천하기

* 이번 과를 통하여 배운 가장 중요한 교훈은 무엇입니까?

* 이번 과를 통하여 배우고 깨달은 것을 당신의 삶에 구체적으로 어떻게 적용하시겠습니까?